東洋の経営学

――企業経営における東洋医学的アプローチ――

平岡龍

HIRAOKA Ryo

文芸社

プロローグ

有名な大企業がいつの間にか危機的状況に陥ってしまい、自力での再建が難しくなったので、どこかから再建請負人を連れてきて、「膿みを全部出しきる」という名の下で、リストラと称して従業員を大量に解雇し、不採算部門を切り売りすることで業績がV字回復し、再建請負人は瀕死の企業を救った人として一躍時の人になる、ということが時々起こります。ただ、

「本当は、危機的な状況になる前に、旧経営陣がやらないといけないことや、やるべきことや、できることがあったのではないだろうか？」

「旧経営陣は、自分たちでは改革ができないので、プロの再建請負人に丸投げするというのは、少し無責任ではないだろうか？」

「瀕死の企業を再建させたことはすごいことだと思うけれど、その陰で路頭に迷うことになった人も多いのではないだろうか？」

などと、この手の話を目にすると、いつも成功物語の背後に隠れている話を考えずにはいられません。

私は一度社会に出た後で、再び大学院のＭＢＡコースで学んだ経験があります。その頃感じていたことをいくつかお話しします。

私がＭＢＡコースで学んでいた時期は、「企業は株主のものであり、経営者は株主価値の最大化を目指さなければならない」というアメリカ型の考え方が主流でした。その指標としてＲＯＥ（株主資本利益率）を向上させることが一つの目標とされていました。

しかし、その指標を向上させるために、本来は、利益率を上げる、生産性を上げる、人を育成するという方法で時間をかけて利益を増やしていくべきだと思うのだけれど、現実には経営者が自分の在任期間中（もっと言えば一会計期間、もっと言うと四半期ごと）に短期間で利益を増やそうと手っ取り早くコストを下げるためにリストラをする、人件費を引き下げる、仕入業者をたたく、資産を売却して益出しする、また、借金をして財務レバレッジを上げる、自社株買いをして自己資本を圧縮するといった短期間で成果の上がる小手先対応をとる経営者も少なくなかったように思います。

でも、

「本当に会社は株主だけのものなのだろうか？」

「株主さえ満足させればその会社はいい会社なのだろうか？」

と、経営学を学んでいるときに、そうした点にどこかしっくりしないものを感じ続けていました。

ＭＢＡのカリキュラムは、経営戦略・マーケティング・ヒューマンリソースマネジメント（人的資源管理・人材マネジメント）・組織論・アカウンティング（財務会計）・管理会計・コーポレートファイナンス（企業財務）・統計学・経営哲学・アントレプレナーシップなど、経営全般についての分野ごとの定石を学ぶことができます。

経営学については欧米の研究が主流となっているせいか、いろいろな分野で欧米型の経営理論がグローバルスタンダードになっていました。私が学んでいた二〇〇〇年代では特にそれらグローバルスタンダードな経営学を学ぶことが多かったように思います。

ただ、基本的な考え方として、どこかカネ儲けのための技術論（テクニック）に重点が置かれているような気がしたり、どこか企業をモノのような無機質なものととらえている感じがしたりして、企業で働く人間一人ひとりの生活への配慮というものが私にはあまり感じられませんでした。

私は最初の会社員時代にリストラを目の当たりにするという経験がありました。会社を追い出されるように辞めることになって人生が変わる人を見て、「これは何かがおかしい、経営が間違っている」という憤りを感じて、正しい経営を学ぼうと思ったことがＭＢＡに進学するきっかけの一つだった私にとっては、常にどこかに違和感を覚えながら学んでいました。

私は二十代から三十代の頃、夏になると体を動かすことが億劫になるくらい夏バテがひどくなり、目の下にクマができて腫れあがり、夜は暑さで何度も目が覚めて常に寝不足で、胃腸の調子が悪くなりおなかを壊すことが多かった。

プロローグ

暑いから当然のように冷たい飲み物を飲み、夜、暑さで目が覚めるとクーラーを入れて寝るということをしていましたが、夏バテはひどくなるばかりで、毎年夏場は憂鬱でした。

あるとき、私の友人が彼の友人の鍼灸師と一緒に私の家に遊びにきました。その鍼灸師の方は私の顔を一目見るなり、

「あなた体調悪いでしょ？　ちょっと体を触らせてください」

と言い、私の背中とおなか周辺を掌で触って、

「あなた腎臓が相当冷えていますよ。そのせいで、血液の循環が悪くなっているのと、胃腸の働きが弱くなっています。あまり体を冷やさないようにクーラーは控えめにするのと、冷たいものを飲むのは避けて少し熱めの白湯を飲むようにするのと、熱めのお風呂に入るようにして、汗をかいて血行を良くすると症状が改善します」

と勧められました。その後、夏バテが多少でも改善するならと勧められたことを実行してみることにしました。

クーラーの使用と設定温度を控えめにして、冷たい飲み物を減らし、寝る前に熱め

の白湯を飲むようにし、スーパー銭湯の風呂やサウナで時々汗を流すことを習慣にしたところ、夏場におなかを壊しにくくなり、目の下のクマや腫れもめっきり減り、夜も暑くて目が覚めることはあるけれど、クーラーなしで朝を迎えられるようになり、年を追うごとに夏バテでつらい期間が短くなっていきました。

それ以外の生活習慣は特に何も変えることはなかったし、実感として夏場は年々暑くなっていくばかりなので、私の夏場の体調不良の症状が改善したのは、身体を冷やさないように生活習慣を変えたこと以外には考えにくかった。

これが、対症療法ではなく、生活習慣を変えることで、全体として体調をよくするという東洋医学的なアプローチに接した私にとって初めての経験でした。

以前、私が受講したマネジメント研修の講師の先生が、事例としてご自身の体験を紹介してくれました。

先生は過去に、生活に支障が出るほど腰痛がひどくなったそうで、そのときいろいろな病院で医師に診察してもらったのですが、原因が特定できず、全くよくならなかったそうです。その後、先生は整体の先生に診てもらったところ、腰痛の原因が自分の歩き方にあるということを指摘されたそうです。

講師の先生には歩き方に癖があり、その癖のために身体にゆがみが出て、その歪みのバランスを取ろうとして腰に無理な負担がかかり、それが痛みを発生させている原因だとわかったので、それから先生は歪みの少ない歩き方に矯正したところ、長年の痛みがなくなり、日常生活に支障が出なくなったそうです。

こうした経験から、企業経営も真の原因を突き止めて、そこに適切な対応を取ることが重要であるというお話をされていました。

独身時代の私は、ほとんど毎日会社帰りに外食をしていました。

食べるものといえば、ラーメン、うどん、そば、牛丼、天丼、焼肉定食、ハンバーガーセットかコンビニ弁当といった決まった食べ物をその日の気分でローテーションするだけで、味の濃い料理をおなかいっぱい食べ、家では晩酌をし、一緒にお菓子を食べるという生活でした。三十代に入ると体重が増え、健康診断の結果も年を追うごとに悪くなっていきました。特に、中性脂肪・尿酸値・肝機能の値が悪くなっていきました。

その後、結婚してからは奥さんの手料理で主食・主菜・副菜のそろった野菜や魚が中心の食生活に変わり、食べる量も腹八分目くらいになると、次第に体重が減り始め、健康診断の結果が二十代の頃を最後に遠ざかっていた「A」判定に戻りました。

医食同源、食事が大事だと頭では理解していたつもりでしたが、身をもって経験しました。

西洋医学は解剖学や生理学を中心に発達した医学で、血液検査や尿検査、必要に応じてCTやMRIなどの画像検査を行い、これらの科学的検査によって細胞・遺伝子レベルから、病気の原因を分析し、解明して「診断（病名をつける）」するところから治療がスタートします。

その病名に応じた薬を用いて病気の原因を攻撃する、もしくは手術によって病巣を切除することで、病気の完治を目指します。

西洋医学は、投薬や手術により、悪い部分を取り除いて治すことを主とした治療法であり、ウイルスや細菌感染やガンなど原因が特定できる病気に適しているとされています。

西洋医学は身体の外から悪い部分へ直接対処することができるため即効性もあり、先進国の医療機関では西洋医学が主流となっています。

東洋医学は患者の自覚症状や症候（病気のきざし）、病態（患者の病気のようす。その病状）を重視していて、その病状や患者の体質・体格などを観察して「証（診断のようなもの）」を決定するところから治療がスタートします。

「冷え」や「瘀血《おけつ》（血の巡りが悪くなっている状態）」なども証の一つで、その証に基づいた治療を、鍼灸、漢方薬などを用いて行うことで患者さんを悩ます症状の改善を目指します。

東洋医学は鍼灸、漢方薬などで患者の体質を改善して病気を予防したり、治癒力を高めて治したりする方法を主とした治療法であり、病気の原因が特定できないものや体質・生活習慣にある場合に適しているとされています。

東洋医学は、身体の内側から治療する、あるいは病気になる前に防ぐ治療法です。個人の場合は、体調がちょっとおかしいな？　と思ったら、病院に行き、医者に診てもらい、症状に応じた治療を受けることができます。しかし、企業の場合は経営状態がおかしいな？　と思っても、企業の状態を診断するような病院や客観的な医者がいないので、よくない状況が放置されます。そのため、企業経営者自身がいわゆる「自己診断」をして治療に当たらなければならないのですが、そもそも正しい診断ができるだけの知識がないと、何をしていいのかわからなかったり、見当違いの治療をして状態がもっと悪くなったりするかもしれません。

また、経営状態悪化の原因がわかり、治療を行おうとしてもその治療が身を切るような痛みを伴うものであれば、社内の反対もあって思うような治療ができないかもしれません。その結果、会社が本当に危機的な状態になり、手の施しようがなくなってしまうこともあります。

また、経営者が経営状態に危機感を抱いた場合に、医者のような役割を期待して外部のコンサルタントに頼む場合もありますが、病院にもいろいろな科があるように、コンサルタントにも専門分野があるので、基本的に自分の組織のどこに問題があるのかは自分で判断して、その分野に強い専門のコンサルタントに頼まないと意味がありません。ここは経営者の自己診断能力が問われるところです。

これができなくて、とりあえず有名なコンサルティングファームに丸投げしてしまうと、経営状態悪化の原因が市場環境の変化なのに、人事が専門のコンサルタントに頼んだために人事制度の見直しを提案されるというようなおかしな話になります。

ある人が、暴飲暴食・酒・タバコ・運動不足で、しかも毎日だらだらと規律のない生活を送った結果として、糖尿病・高血圧となり、心臓と脳の血管が詰まり、じん不全、肝硬変、白内障と末梢血管の壊死が始まり、瀕死の状態となりつつあった。そのような状態に至って、この人は初めて病院を受診して、ほとんど手遅れの状態であることがわかり、すがりつくような思いで神の手を持つ天才医師に高いおカネを払って大手術をしてもらうことになった。

脳と心臓の血管の詰まりはカテーテルで押し広げて、ダメになった体の部位は切除し、機能不全になった臓器は移植して、心臓にはペースメーカーを入れた。大手術の結果この人は何とか一命をとりとめ、リハビリに取り組み、ある程度日常の生活が過ごせるまでに回復できたとする。この人は天才医師に感謝した。

しかし、本来はこのような状態に至る前に健康診断や病院で診察を受けていれば、その時点で医師から「生活習慣を見直してみるべきではありませんか？　食事は腹八分目、お酒は控えめにしてタバコは止めましょう、そして、日常生活に少し運動を取り入れて、規則正しい生活を心がけましょう」という助言を得られていたはずです。そして、本人がその助言を受け入れ、生活習慣の改善に取り組めば、自力で健康な状態に回復し、大手術を受けることもなく、日常生活を送ることができていたはずです。

暴飲暴食で体がおかしくなったら薬を飲み、それでもだめなら切除する、移植する、ではなく、そもそも食べ過ぎず、飲みすぎず、適度な運動をして、普段から身体に負担をかけない生活をしていれば、生活習慣病にならずにすみ、薬にも頼らず、手術の必要もない。

無理をするからそれを修正しようとして体に負担をかけることになっている。だから身体に負担をかけない、偏りやゆがみを矯正する、身体が本来持っている能力を阻害しないようにすればいい。

私は幸運にも企業の中で経営管理的な立場で仕事をする機会に恵まれました。ただし、その立場で取り組んだことは、ＭＢＡで学んだことを教科書通り実行するということではありませんでした。

もともと「潜在的な力がある会社なのにそれがうまく発揮できていないから思うような利益が出ていないのではないか?」と早い段階で感じていたので、「会社内のいろいろなところの流れを良くするだけで、収益力が上がるかもしれないな?」と考えました。そして、私が取り組んだことは、それらを一つ一つ実行していくことでした。

結果的に短期間で劇的に利益が増えることはありませんでしたが、年を追うごとに利益が増え、入社当時に私が予想していた水準をはるかに超えるようになりました。

その後、改めて自分が取り組んできたことを振り返ってみると、私の経営改善のアプローチはどこか東洋医学的なアプローチだったのではないかと思うようになりました。

アメリカ型の経営は、企業を車や機械のようにとらえて、ダメになった企業の原因を特定し、ダメな部分を部品のように取り替えたり切り捨てたりして、残った健康な部分だけを活かして短期間で復活させるという、いわば西洋医学的なアプローチのように思えます。

そうではなく、企業を生き物のようにとらえ、そもそも会社が傾くような状況になる前に、日常的に企業の体質を良くする、すなわち、会社がだめになるまで放置して、膿みを出すようなリストラをしないで済むように、普段から、無駄なことをせず、余分な人を雇わず、組織を効率的に運営し、会社の収益力を高めておき、長期的に健全な企業体質を維持するというような東洋医学的なアプローチが企業経営にもあってよいのではないかと思うようになりました。

そこで、MBAで学ぶ欧米型のアプローチとは異なる、東洋医学的なアプローチによる企業経営についてまとめておきたいと考えるようになりました。

そのような問題意識から、話を始めていきたいと思います。

第3章 組織の状態を改善するには

第1章
組織はどのように形成されるのか

1 企業の創業から拡大の過程でおこること

企業という組織は、ある人が何かしらの動機によって、起業するところから始まります。このとき、その人は起業家や創業者と呼ばれます。

創業者が起業する動機にはいろいろなものがあり、「世の中にこんなものがあればきっと喜ばれる、社会やみんなの生活を変えられる、もっと便利になる」とか、「この地域にはこんなものがあれば地域の人たちに喜ばれるのではないか？」とか、「金持ちになりたい」とか、「世の中でこんなものがはやっているので、私もやったらうまくいくかも……」など、このほかにも無数に考えられます。

動機はどのようなものでも構わないのですが、ここから組織は始まります。

創業者は、起業後に商品やサービスの生産を行い、その商品やサービスが財・サービス市場で受け入れられ、買い手が付き、販売することができれば、対価としてのお金を得ることができます。そのお金を使って再度商品やサービスの生産ができれば、事業は軌道に乗ります。そして、生産する商品やサービスに対して市場のニーズが多ければ、たくさんの人が喜ぶし、生産を拡大することで事業が大きくなり、もっとお金を儲けることができます。

創業者が事業を大きくしようとすると、労働市場からヒトを採用して増加する業務を処理させます。この時点で、創業者は経営者（使用者）になり、雇われたヒトは労働者（従業員）になり、役割が分かれます。また、財・サービス市場から設備を購入して生産能力を上げることで、増加する業務を処理して生産を拡大させることもできます。

一方で、従業員を採用すると給与の計算や労働保険の支払いといった業務が必要になり、設備が増えるとその操作・維持・管理という業務が必要になり、組織には新たにヒト（従業員）や設備を管理するための管理業務が発生します。

さらに生産規模を拡大しようとすると、創業地とは別の場所に大きな工場を作り、より多く、より早く、より安く生産をするために地方や海外での生産を始めます。また、より多くの顧客に向けて販売するために、全国に営業所を作り、営業エリア・販売地域を増やし、さらに国内だけでなく海外にも展開します。

企業が大きくなると、研究開発・生産・物流・営業・管理といった一つ一つの業務量が増えていくので、類似した業務を集めてより専門化・機能分化した組織を作り、分業します。このようにして、企業という組織の中に多くの部門が形成されていきます。

そして、経営者はさらに従業員を雇い、設備を導入し、組織内の各部門に配置することで、増えた業務を処理させ、生産量を増やし、組織を運営していきます。

ただ、組織が経営者の目が届く範囲内の規模であれば、会社の状態や従業員が自分の期待通りに働いているかどうかを自分の目で見て把握できるので問題ありませんでしたが、組織の規模が大きくなると、隅々にまで目が届かなくなります。

このため、組織が大きくなるにつれ、いろいろと整備しないといけないことが出てきます。このとき、経営者はいろいろな仕組みや制度を選んで組織に導入します。

組織が大きくなると、組織全体の活動状況を把握するのが難しくなるので、組織の状態を把握できるように、組織内の情報が経営者のところに伝わる仕組みが必要になります。

生産の状況・設備の稼働状況・在庫の状況・販売の状況・お金の状況・従業員の労働の状況などの情報を収集して組織の状態を把握するためのＩＴインフラの整備や、集めた情報をもとに業績の進捗状況を把握するための業績管理制度などです。

組織が大きくなり、業務が細分化し専門性が高くなり、経営者も自分の専門外で正しい判断ができないと感じるようになると、適切な意思決定や経営判断ができるようにする仕組みが必要になってきます。そこで、経営会議や営業会議・業績検討会などの会議体を設置し、各分野の担当者の報告や意見を聞きながら意思決定を行うようになります。

さらに事業が大きくなり、より専門性が必要になってくると、経営者が一人で行っていた経営判断を、各分野を専門に担当させる側近・幹部を登用して、一部の経営判断を任せるようにもなります。

経営者の経営判断に基づく指示命令に従って、経営者が見ていなくても、従業員がちゃんと働くような仕組みも必要になります。

従業員に対し、これを業務として処理せよという目標を与え、その業務で期待する成果を定め、それができたら評価し、できなければ評価せず、評価が良ければ賞与が増えたり、出世して給与が増えたりするような人事制度を導入することで、経営者がいつも見ていなくても従業員が経営者から評価されようと真面目に一生懸命働くようにします。

組織が大きくなり、従業員が増えると、従業員を公平に扱うルールや、従業員が勝手なことをしたり、怠けたりしないように管理する仕組みや、どの従業員が担当しても商品やサービスの品質に差が出ないようにする仕組みも必要になります。

そこで、部署や各労働者の担当業務と、どこまで自分の判断で決められるかを定めたルール（業務分掌）、経営者に判断を求めることを定めたルール（稟議規程）、労働者がやっていいことといけないことを定めた働き方のルール（就業規則や服務規律・各種の規程）、労働者が怠けたり不正を行ったりしないようにけん制・抑止・監視する仕組み（業務監査・会計監査、内部管理体制）、誰が商品やサービスを作っても品質がばらつかないようにする仕組み（作業標準、マニュアル）などが整備されます。

このように組織の成長過程において、経営者は体制作りやルール（決まり事・手続き）作りを通じて従業員が仕事として行う「業務」を作り、ヒトの扱い方を定めた「人事制度」を決め、組織の成果や経営状態をどのような「情報」で把握するかを決め、これらを通じて組織を運営・管理する方法が定まっていき、組織の個性が次第に出来上がっていきます。

2 カネがなければ望む組織は作れない

組織が大きくなっていくにしたがって、経営者が組織や制度を作っていき、ヒト（従業員）を採用したり設備を購入したりしていくと言いましたが、必ずしも経営者が作りたい組織を自由に作れるわけではありません。

組織を作るためには、カネという道具がなければ自分が思ったような組織を作ることはできないからです。

ヒトを雇うのにもカネがいる。特に、優秀なヒトを採用したいという場合には、その人のキャリアにふさわしいカネ（報酬）を支払う必要があるし、ポテンシャルの高いヒトを採用する場合にも、他社よりも高いカネ（報酬）を支払わないと雇うことは難しい。人間性が素晴らしく、資格やキャリアも十分で、従順で会社や経営者に不満や不平を一切言わず、安い賃金で真面目に一生懸命働いてくれるヒトを探しているとしたら、まず見つからないでしょう。

工場を建てる土地を買うにも、工場を建てるにも、工場に設置する設備を購入するにもカネがいります。むろん良い立地、立派な建物、性能の良い設備を買おうと思ったらより多くのカネが要ります。

情報システムを導入するにもカネがかかるし、業務を外注（アウトソース）するにも、品質の良い原材料を調達するにもカネがかかります。

組織が大きくなると、雇うヒトもたくさん必要になるし、大規模な生産を行うための設備も必要になるので、組織を維持するために必要になるカネもどんどん増えていきます。

32頁の図を見てください。

組織に必要なカネの調達ルートは二つあります。一つは外部の金融市場から調達したカネ（②）、もう一つは組織が行っている事業が生み出したカネ（④）です。

経営者が事業を始めたいと考えて会社を作るとき、多くは最初に自分が蓄えたカネを預ける銀行口座（①）を作り、自分が蓄えたカネと金融市場（金融機関）から借りたカネ（②）を元手に事業を始めることになります。そもそもこのカネが工面できないと創業しようと思っても始められません。

そのカネを商品やサービスの生産に投入（③）し、調達した設備や原材料への支出に充てます。

そして、事業を始めて、商品やサービスを生み出し、それらを財・サービス市場に販売することで、対価として市場からカネを回収（④）します。これでカネが一回転したことになります。

事業が生み出したカネは、

③生産に再投入する（生産活動への支出に充てる）

⑤経営者と間接部門の費用、本業以外の事業への投資、金融市場での運用、好きな

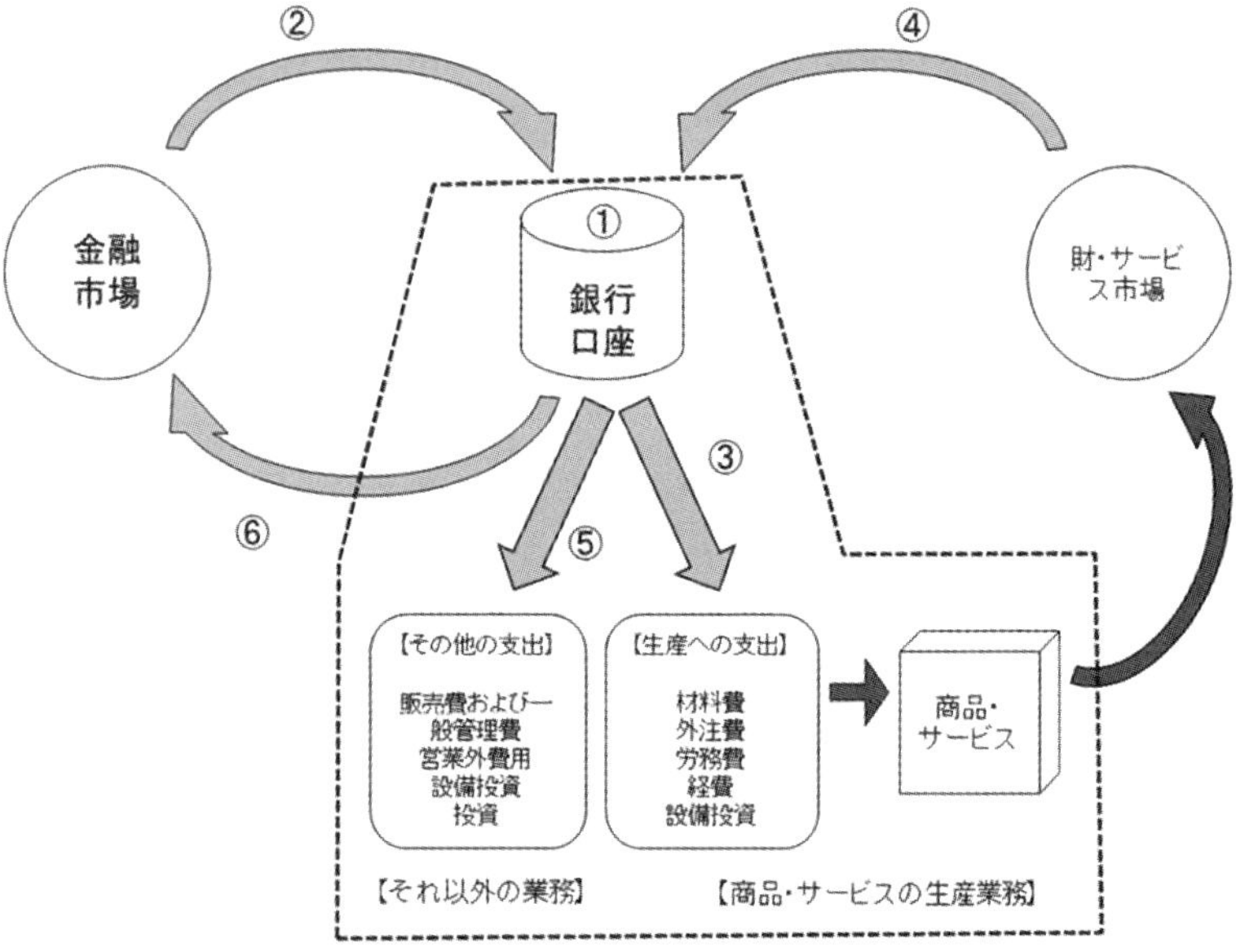
②
④
金融
市場
①
銀行
口座
財・サービス市場
③
⑥
⑤
【その他の支出】
販売費および一般管理費
営業外費用
設備投資
投資
【生産への支出】
材料費
外注費
労務費
経費
設備投資
商品・サービス
【それ以外の業務】
【商品・サービスの生産業務】
[企業という組織の範囲]

もの の購入、税金を納めるなど（生産活動以外のその他の支出に充てる）
⑥借りたカネに利息をつけて返す
①銀行口座に蓄積する
ということになります。

企業は、自らが生産した商品やサービスを売って得たカネ（キャッシュ・インフロー＝④）で自社の運営費用（キャッシュ・アウトフロー＝③と⑤）を賄い、さらに金融市場から調達したカネに対する元本と利息を支払うこと（⑥）ができれば永続することができます。

また、組織が自らの事業を通じてより多くのカネを生み出すことができれば、経営者はより多くのこと、いろいろなことを実現できます。

経営者が思い通りの組織を作ったり（③を増やす）、宇宙旅行とかプライベートジェットとかセスナとか高級車とか……自分が欲しいものを買ったりする（⑤を増やす）ことも可能になります。

一方で、事業を通じて生み出すカネ（④）が事業の運営経費（③と⑤）を賄えなければ、不足分は会社に蓄えたカネ（①）が減るし、それでも足りなければ金融市場から新たに調達（②）しなければいけなくなります。それもできなければカネが尽きて組織は倒産することになります。

ちなみに、カネを借り続けられれば企業は倒産することなく事業を継続することはできますが、借金が膨らみ、返さないといけないカネ（⑥）が増えるだけです。

ということは、結局のところ、社外から調達したカネ（②）については、事業から生み出したカネ（④）の中から元金に利息を付けて返済（⑥）しないといけないので、企業は自社の事業から組織の運営経費（③と⑤）と元金と利息分（⑥）のカネを生み出せていなければ組織を維持することはできないということになります。

ほかにも金融市場からの調達ではありませんが、補助金や助成金で資金を調達できれば企業は存続できますが、そもそも補助金や助成金に依存しなければ成り立たない会社に先はありません。

また、金融緩和によって金利を低く誘導することで、企業が金融市場からカネを借りて（②）資金調達し続けても、借りたカネの利息の支払い（⑥）が負担にならないようにすることで、企業を保護する金融政策もありますが、そもそも本業のキャッシュ・インフロー（④）が増えない状況が変わらないのであれば、借金を返済することができないので、そのような企業に先はありません。

このため、創業当時にどんなに崇高な理念を掲げていても、カネが生み出せないと組織を維持することすらできないので、ホントは事業で儲けたカネを理念の実現に使うはずだったのが、いつの間にかカネ儲け（手段）が目的になってしまった組織も出てきてしまうことになります（いわゆる「手段の目的化」）。

どんな目的で誕生した組織であっても、すべての組織に共通して目指さなければいけないことは、少なくとも組織を維持できるだけのカネ（④＞③＋⑤＋⑥）を生み出すということです。それ以上のカネ（キャッシュ・インフロー）を生み出せる組織は、その超過分のカネを経営者が実現したいことに使うことができます。

ちなみに、ここから先、私が「カネ」という場合、そのカネとはキャッシュ・インフロー（④）から一部のキャッシュ・アウトフロー（③の中の組織外から調達した材料費と外注費）を差し引いたもので、いわばこの組織が創出したカネであり、粗利益とか付加価値に近いものだと思ってください。

カネ≒粗利益≒付加価値

第2章

表面化した組織の問題と対症療法とその帰結、そして本質的原因

1 表面化した組織の問題と対症療法とその帰結

組織が誕生してから拡大していく過程では、時として経営者の思い通りの結果が得られない状況に陥ることがあります。これを問題ととらえてその問題に対する対症療法的な対応がどのような帰結をもたらすのかを検討してみます。

- 思ったように儲からないから、売上を上げるために営業の目標値を上げ、達成しなかった場合には部門長の報酬を下げたり降格させたり会議の席で罵倒するようなことをする。そうすると部門長は必死になり、部下に対してパワハラをしてでも数字を達成させようとする。そうすると部下はいやになって会社を辞める。会社を辞められない事情がある部下なら顧客をだますような不正をしてでも数字を上げようとする。結果として、本来融資ができないような顧客の資産の数字を改ざんしてでも融資を実行しようとする。

- 思ったように利益が上がらないので、安く仕入れたものを高く売るために、普通のエビを車エビと称して料理を提供する。外国産の農産物や水産物を国産と称して販売する。
- 売れ残りが出て、廃棄すると損失になるので、賞味期限が切れた商品の賞味期限を貼りなおして再販売する。
- 競争入札だと価格のたたき合いになり、仕事が取れなくて売り上げが上がらないし、受注しても安値だから思ったほど儲からないので、ライバル会社と談合する、受注調整する。受注した後で材料を粗悪なものに変える。

・談合がバレると、法令遵守の研修を行い、内部管理を強化することになり、新たな業務とコストが発生する。しかし、法令を遵守して談合をしなくなると再び価格競争になり、とにかく仕事の欲しい業者が赤字覚悟で入札し、まともな価格で受注ができなくなり、売上と利益が減る。無理をして安値で受注すると、ほとんど利益が出ないか赤字になってしまう。

・建設工事の途中の検査で異常が出てもやり直すと費用がかかるし、工期を延長すると納期を守れなくなるので、検査結果の数字を改ざんして、工程どおりに進める。そうすると、完成したマンションが歪み始めて数年後に大きなトラブルになる。

・品質検査の結果不合格だったのだけれど、それだと作り直しが発生して、コストがかかるしめんどうくさいからデータを改ざんして合格にしてしまう。

・思ったように利益が出ないので、コストダウンを検討し、人件費を減らすために社員の給料を下げると、社員の労働意欲が下がって離職者が出る。リストラして社員を減らすと残った社員の業務負担が増える。そうすると給料が変わらず残業が増えて労働環境が悪化してまた離職者が出る。

- 人件費を減らすために正社員を非正規社員に切り替える。それでも人件費が高いと外国人を法定以下の労働条件で働かせる。非正規社員も外国人労働者も採用できないと、シルバー人材センターに人材を求める。
- 残された社員や非正規社員は真面目にやっていたら仕事が終わらないし、一生懸命真面目にやっても賃金が少ないので、馬鹿らしいからつじつま合わせのような不正や手抜きを行う。真面目に郵便物を配達していると時間がかかるので、雑木林や用水路に郵便物を捨ててしまう。
- コストダウンを検討し、原材料費を抑えるため仕入れ業者に対して買いたたきを始める。そうすると優良な協力業者が離れていき、商品やサービスの品質が低下する。

・思ったような利益が出ないので、利益が出たことにするために、決算数字を粉飾する。そうすると、だんだんつじつまが合わなくなり、粉飾決算が表に出る。

・不良品が出ると廃棄コストがかかるので、不良品を減らそうと不良品を出した従業員に対して厳しい処分を行う。そうすると、社員は処分を恐れて、不良品が発生したときに隠ぺいする。結果的にそれが原因で事故やトラブルが発生し、リコールに莫大な費用をかけることになる。そして、リコールに莫大な費用が見込まれると、今度はリコールを隠す。

・車が売れないので、実際よりも燃費性能を高く偽って販売する。

・経営者が期待するほどの性能が実現できないと担当者の評価を下げ、降格させる。

そうすると従業員は検査結果を改ざんしてでも、実際よりも高い性能が実現できたかのように偽装する。

- 社員の離職が続き、それが問題になると、社員が辞めないように上司にパワハラをしてはいけないというような研修を実施する。部下をほめるような指導をする。そうすると、上司が部下に厳しく指示命令を出せなくなり、売上数字が落ちる。

- 社員の長時間労働が問題になると、早帰り日を作る。そうすると業務量が変わらなければ、ほかの日の残業が増えるか、自宅への持ち帰りが増える。持ち帰り残業の結果、情報漏えいが発生すると今度は仕事の持ち帰りを禁止する。残業も持ち帰り残業も禁止されると早朝に出社して仕事をするが、社員の早出が問題になると今度はそれも禁止する。その結果、業務を処理する時間がなくなり、やるべきことができないと、無能だという評価になる。そうするとやる気がなくなり離職する。

- 離職者の穴を埋めるために採用を増やそうとするが、実際の労働条件（賃金や労働時間）を正直に記載すると応募者がなさそうなので、現実とかけ離れた労働条件を記載して採用活動を行う。
お金をかけていろいろな求人サイトに求人を手当たり次第に出す。求人サイトの見た目をきれいにし、いいことだけを書き、悪いことは一切書かない。現実とはかけ離れた素晴らしい労働環境であると偽って、行政の認証を取得し、採用活動を行う。そうすると入社した社員は現実の労働条件や労働環境が全く違うので、労働意欲がなくなり早期離職する、労務トラブルになる。場合によっては社員が過労で自殺する。

- 社内のルールや作業標準を守れない社員に対して、罰として社員の人格を否定するような再教育を行う。そうすると従業員は再教育を受けるのが嫌だから、作業標準が守れなくなりそうな状況が発生したとき、たとえば乗客の安全を顧みずにつじつまを合わせようと危険な運転をして大事故を引き起こす。

- 会社の定めたマニュアル通りに仕事をすると、とても業務が処理できないので、マニュアルでは正社員がやらなければならない検査を非正規社員に行わせて、書類上正社員がしたことにする。マニュアルで定められた手順を現場で勝手に省くが、書類上はちゃんとやったことにする。
- 仕事上ミスが発生していたが、それがバレると怒られるから、なかったことにするが、後日それが原因で、トラブルや事故になる。
- 不正はいけないということで、幹部や社員にコンプライアンス研修を行い、法令遵守が大事だと伝える。法令を守ることを優先すると、今までのように売上は伸びない、利益が上がらない、納期が遅れる、思ったような性能の商品が誕生しない、マニュアル通りに業務を処理すると社員の長時間労働につながるということになり、そうした部門の部門長は部下の管理ができていないということで更迭する。

そうすると、実態はパワハラ・不正・手抜きをしているが、書類上はコンプライアンスを守っているように報告し、書類上と現実が乖離し、まともな社員はやる気をなくして離職する。

- 組織の不正を知る立場の社員がそのことを公益上良くないと思っても自分の力では正すことができないので、外部に内部告発したら、内部告発した者が探し出され、組織から報復される。
- 厳しいノルマを達成しても思ったような給料や賞与がもらえない、自分が苦労した結果で経営者や幹部がいい思いをしているとなると、大金持ちの顧客を目の前にして、「カネがあったらもっといい生活ができるのに……」と思い、会社や顧客のお金に手を付ける誘惑にかられ、あとでバレるにもかかわらず顧客のお金を使いこむ、会社のカネを管理する地位に就くと会社のお金に手を付ける、発注権限のある地位に就くと下請け業者や納入業者に接待・贈答品・旅行・金品・キックバックを要求する、倉庫を管理する立場にいると会社の在庫商品を盗む、同業他社から引き抜きを受けると営業情報を持ち出す。

- 社員の不正が発覚すると不正ができないように社員の行動の監視・管理を厳しくする。そうすると、社員を監視するシステムを導入したり、監査部門の人員を増やしたりして監視コストが増大する。また社員に不正を行わせないための決まり事が増えると、決まり事を守るための社員の業務が増加したり、監査で指摘されないためのつじつま合わせの書類作成が増えたりして、社員の業務に自由度が減り、それが息苦しさにつながり、やがて労働意欲がなくなり離職につながる。

現実の世界では、このようなことが起きているのではないだろうか？

2 問題の本質的原因を検討する

ある問題に対する対症療法的な対応は、ほかの問題の原因になります。

コストダウンでヒト（従業員）を減らしたら、それが残った社員の長時間労働を生み、離職を生み、売上を減らし、不正を生む。

社員の不正を防ぐために内部管理体制を強化したら、利益を生まない業務と設備が増えて、その業務を担当する従業員と設備への支出が増え、利益が減り、一方でそれがまたほかの従業員の業務を増やし、長時間労働につながる。

だからといって長時間労働対策でヒトを増やしたら、人件費が増えて利益が減る。

対症療法では一つの問題の解決策が別の問題を引き起こす「もぐらたたき」の状態に陥ります。

ちなみに東洋医学では、「痛みの症状への対応」（対症療法、目先・短期的な対応）と「痛みの原因（真因）への対応」（根治療法、長期的な対応）とは分けて考え、痛みを和らげるような痛みの症状への対応だけでは痛みそのものはなくならないと考えるのだそうです。これは、企業経営においても同じことが言えると思います。

そもそも収益性を上げようとしたら、儲からない原因を改善しない限りは収益性が上がるはずはないし、ヒトを定着させようとしたら、ヒトを採用する前にヒトが辞める原因である社内の労働環境を改善しない限りヒトが定着するはずがないし、不正をなくそうとしたら、不正ができないように監視を厳しくする前に、ヒトが不正を働いてでも何とかしようとする原因である企業の組織風土を改善しない限り不正がなくなるはずがありません。

だから、問題が起きたら対症療法ではなく、そもそも問題が発生しないような根治療法を検討するべきです。そして、いろいろな問題の根である本質的な問題が何なのかを追求するために、発生した問題の背景や原因について検討する必要があるのです。

3

問題の兆候としての「無駄・無意味」「不正・偽り」「不平・不満・あきらめ・怠惰・怨嗟」のまん延と、それを生み出す「経営体質」

赤字に転落したり、社員が次々と退職したり、不正が行われたりといった問題がある日突然発生することは考えにくく、問題が表面化する前にはなにかしらその兆候があります。どのような兆候が表れるかというと、それは普通に考えると首をかしげてしまうような「おかしな行動」が組織の中で当たり前のように行われているというものです。

例えば、売上を上げるために原価を回収できないような安値で商品を売ったり、仕事を受注したりすることや、顧客に対し現在の契約を解約して新規で入り直させたりするなど、客観的に見ると無意味な方法によって目標達成しようとする。

認知症の顧客に何組もの布団を販売するなど顧客にとっては不必要な商品やサービスを購入させたり、同業他社と話し合って入札金額を調整したり、どこが受注するかあらかじめ調整したりするなど、普通に考えれば不正なやり方を日常的に行っている状態になっている。

また、目標設定時に自分の目標をできるだけ低くする、開発目標を達成できないから性能を偽って報告する、社内アンケート調査のような収益とは直接関係のない仕事を次々と実施する、従業員が勤務時間中に雑談ばかりで仕事をしてない、仕事に必要なスキルを身に付けようとしない、私的な支出を経費で清算しようとする、仕事を他人に押し付けてとっとと帰るなど、そんな社員ばかりが増殖している。

会議の席で、開始時間に全員が集まらない、会議が始まっても会議資料の「てにをは」などの文字の間違い探しばかりが行われ、細かな間違いの指摘に多くの時間が費やされ、肝心な会議の内容はどこかに行っている。そのため、会議前の資料の「てにをは」や「誤字脱字」がないかの確認作業に大量の時間を使っている。資料作成においても、資料の中身ではなくパワーポイントのスライドの見た目やアニメーションの作り込みに大部分の時間を費やしている。

日常業務の中で、社内規定を守っていると仕事が処理しきれないので、処理方法を無断で変更しているが、業務監査対応として書面上つじつまを合わせたり、検査を受ける書類をあとからまとめてつじつま合わせで作っていたりする。監査では書面上つじつまが合っていればそれで問題ないことになっている。

発生した問題に対して、すぐに報告しない、報告した後で問題が誰の責任なのかの追及ばかりが行われて問題の解決策が話し合われないなど、問題の解決よりも問題の責任を擦り付けあうことが優先されている。

前例のないことをして失敗したら責任を問われるので前例から外れることをしなくなっている。

「これまでずっと作ってきた」という理由でほとんど活用されていない資料を見直すこともなく時間をかけて作り続けている。などなど。

　ではなぜ従業員がおかしな行動をとるのかというと、彼らの組織では、おかしな行動をとることが組織から求められ、それによって評価されるからであり、彼らとってはメリットがあり、合理的だからです。

　従業員としては所属する組織で評価されるための合理的な行動の結果が、客観的に見るとおかしな行動につながっているだけで、彼らは大まじめに仕事に取り組んでいます。

　従業員をそのようなおかしな行動に駆り立てているのは、組織が重視している考え方、経営体質が従業員にそうした行動を求めているからです。

　例えば、会社が売上を最重要視（いわゆる「売上至上主義」）しているから、従業員は利益がなくても、赤字でも売上げを上げるために商品を売る。

　仕事の意味や意義はどうでもよくて、会社や上司からやれと言われたことをやるのが仕事だとされている（いわゆる「手段の目的化」に陥っている）から、若手社員が仕事の内容に疑問を持って「そもそもこの仕事は意味あるんでしょうか？　……」と質問すると、上司は「そもそも論を言ってもしょうがない。意味があろうとなかろうと、俺たちは会社からやれと言われたことをやるだけだ」と答える。若手社員が「このやり方で目標達成しても、会社にとっては利益にならないので意味がないと思うんですけど……」と質問すると、上司が「本社が設定した目標をやるのが俺たちの仕事だ、どんなやり方でも目標は達成しないと意味がない」と答える。

問題が発生したこと自体が問題とされるから、問題の解決よりも問題の責任を取ろうとせずに責任を他部署や他人に擦り付けることを優先する。自分や自分の部署の責任でなければそれでいいという「セクショナリズム」に至る。だから、あらかじめ「保身」のために逃げ道を作ろうと、自分だけが責任を問われないように会議の席においてみんなで合意して決めたことにする。自分だけの責任にならないように、稟議書にたくさんの人のハンコをもらう。自分だけの責任にならないように、たくさんの人の承認を受けないと物事が進まないようにする。「自分のミス（責任）です」と正直に言うと、正直者が馬鹿をみるから問題を報告せずに、内々で処理して隠ぺいする。

失敗やミスが許されないから、ヒト（従業員）が「保守的」になり、

・新しいことに挑戦しない
・リスクは取らない
・自分の責任では決めない
・言い逃れができるようにしておく
・責任を負わないようにしておく

というような「事なかれ主義」や「無責任体質」に至る。

こうした行動をとった従業員が評価される（得をする）体質や風土が組織内にあるから従業員の行動がおかしくなり、大真面目におかしな行動にまい進するのです。

反対に、そうした状況に疑問を感じたとしても、個人では組織を変えられないので「あきらめモード」になり、

「頑張ってもしょうがない」
「やってもやらなくても変わらない」

と労働意欲がなくなる。

その結果として、「手抜きしよう」と考えて、仕事に真剣に取り組まずにサボる、キャ

リアを磨くような自己研さんをしない、難しい仕事からは逃げる、面倒な仕事は他人に押し付ける、というヒトが発生し増殖する。

そうして、会社のためを思って働く人や責任感の強い人や失敗するリスクの高い仕事をする人はそうした組織では報われないので馬鹿らしくなって退職する。

また、人によっては、

「会社のために休みなく働いているのに見返りが少ない、搾取されている、もっと報酬が多くていいはずだ」

「地位や立場を利用して儲けてやろう」

という気持ちが引き起こされ、会社や顧客のカネに手を付けたり、立場や影響力を悪用しようという誘惑にかられる人が出てくる。

こうした人たちが組織内で発生・増殖しているということは、組織の体質によってヒトが質的に劣化しているということを意味します。

「ヒトの質的劣化」とは、組織の従業員から、労働意欲・やる気・責任感が失われていくことや、一般的な倫理観や合理性が失われ、組織の考え方が優先されていくことだと考えてください。

主なものとしては、

- 労働意欲の喪失
- 主体性の喪失
- 倫理観の喪失
- 自分＜組織（自部門）＜組織（会社）＜社会
- 納期・定時運行＜安全
- 生産性＜安全
- 貢献意識（利他性）の喪失
- 思いやりの気持ちの喪失
- 長期的視点の喪失：目先の利益＜将来の利益
- 全社視点の喪失：部分最適＜全体最適
- 見ざる聞かざる言わざる

・出る杭にならない
・反対意見は言わない
・組織内の処世術として当たり障りなく言われたことをやる指示待ち人間

などであり、こうした質的に劣化した従業員が増殖している組織で問題が起きないはずがありません。

ただし、ヒトを質的に劣化させるような経営体質は自然に出来上がるものではありません。組織の日常的な経営のやり方、すなわち「経営習慣」の結果として組織に根付くものなのだと私は考えています。

おかしいのはその組織の「経営体質」なのではなく、体質を作り上げてしまった「経営習慣」の方なのです。

ですから次に、どのような経営習慣がヒトの質的な劣化を引き起こすのかを見ていきます。

4 経営習慣

どのような商品やサービスを提供している会社であれ、基本的に組織の中ではヒト（従業員）の労働が必要となる「業務」が発生し、その業務をヒトが「労働」して処理することで、「成果」が生み出されます。

業務 ⇓ 労働 ⇓ 成果

ただし、成果のうち組織において認知し把握されるのはその内のごく一部です。

業務 ⇓ 労働 ⇓ 成果 ＞ 認知される成果

また、「業務」は組織内に構築された「体制」（研究開発体制・生産体制・物流体制・販売体制・管理体制など）によって生み出されることになるのですが、この「体制」は、「認知される成果」すなわち組織が望む成果を生みだすために構築されます。

一方で、「認知される成果」は、「目標」と「評価」に活用されます。

「目標」とは、組織が部門や労働者に対して「今期このような成果を上げなさい」という内容を期初に与えるものであり、部門の責任者や労働者に対して労働力をどの業務処理に向けて投入し、どの程度の成果を上げるべきかという労働力投入の方向性を指し示すものになります。

「評価」とは、主に部門や労働者が生み出した成果が期待した目標に対してどの程度達成できたかに基づいて査定するものです。

さらに「評価」は「報酬」に反映されて、ヒトの前向きで主体的で能動的な「労働意欲」への働きかけに使われます。

また、「評価」は「罰」にも用いられて、ヒトの後ろ向きで受動的な「労働意欲」

への働きかけに使われます。

労働者の「労働意欲」から発生するのが「労働力」であり、「労働力」は「目標」よって方向づけられて、「業務」を処理するための「労働」に投入されて「成果」が生まれることになります。

この「成果」とされるものの中に「カネ（粗利益）」があります。

「カネ」は「労働者の報酬」や「設備投資」や「経営者の報酬」や「株主への配当」として分配されることになります。

「認知される成果」を生み出すために
←
「体制」の構築
←
「業務」の発生
⇐

「労働」による業務の処理
⇐
「成果（含むカネ）」
←
「認知される成果」
←
「目標」と「評価」への活用
←
「目標」は「労働者の労働力の方向付け」に用いられ、「評価」は「報酬」と「罰」へ、「報酬」は「労働者の前向きな（正の）労働意欲」の創出に、「罰」は「労働者の後ろ向きな（負の）労働意欲」の創出に用いられる
←
「労働者の労働意欲」は「労働力」を発生させ、「労働力」は「目標」によって方向づけられて「業務」を処理するための「労働」に投入される

労働によって処理された業務から、成果の一部として「カネ」が創出される

←

「カネ」は労働者の報酬・設備投資・経営者の報酬・株主への配当として分配される

←

つまり、企業という組織の中ではこのような「経営循環」が起きているのです。

この「経営循環」はおそらくどのような事業を営んでいる組織でもほとんど類似したものになるでしょう。

しかし、組織ごとにどのような過程を経て業務が発生し、その業務をどのようにしてヒトに労働を通じて処理させて、成果を生み出すのか、成果として創出されたカネをどのように分配するのか、そのやり方・進め方には組織ごとに違いが出ます。

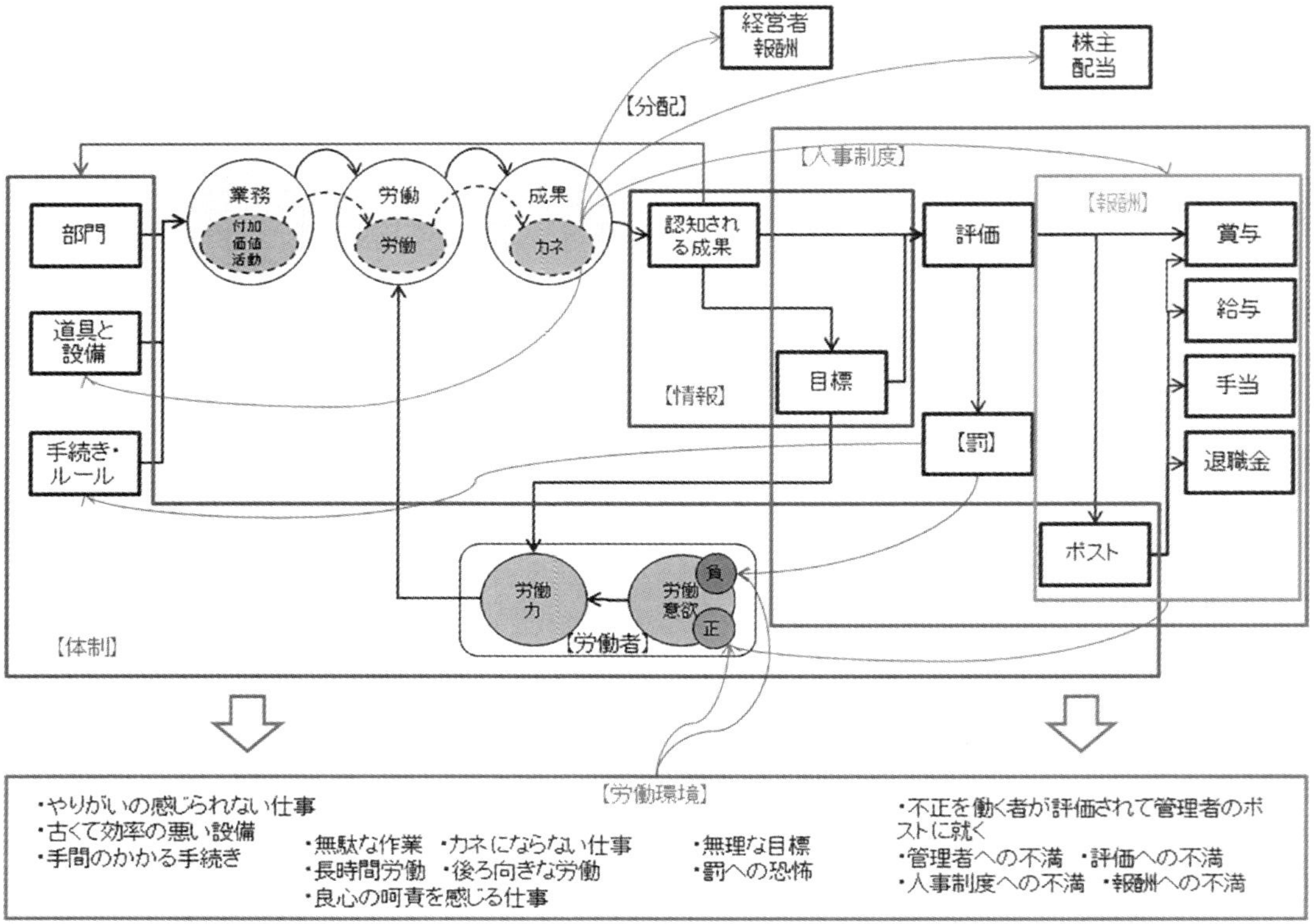

経営者報酬
株主配当
【分配】
【人事制度】
【報酬】
部門
道具と設備
手続き・ルール
業務
付加価値活動
労働
労働
成果
カネ
認知される成果
目標
【情報】
評価
【罰】
賞与
給与
手当
退職金
ポスト
労働力
労働意欲
負
正
【労働者】
【体制】
【労働環境】
・やりがいの感じられない仕事
・古くて効率の悪い設備
・手間のかかる手続き
・無駄な作業　・カネにならない仕事
・長時間労働　・後ろ向きな労働
・良心の呵責を感じる仕事
・無理な目標
・罰への恐怖
・不正を働く者が評価されて管理者のポストに就く
・管理者への不満　・評価への不満
・人事制度への不満　・報酬への不満

「経営習慣」とは、このそれぞれの組織で当然のように行われていて、習慣化して根付いている経営のやり方・進め方のことで、特にこの経営循環の中の、

- 成果の認知の仕方（重視する情報）
- 体制作り
- 目標の与え方
- 評価と報酬と罰を使った労働意欲の刺激の仕方（人事制度の運用）
- カネの使い方（成果の分配）

に関する経営のやり方・進め方のことです。

この経営習慣に誤りや偏りや歪みがあることによって、経営循環がおかしくなっていることが、やがてヒトを質的に劣化させる経営体質をつくりだすに至ります。

それでは、どんな経営習慣（経営のやり方・進め方）が経営循環を悪くするのでしょうか？

簡単に言うと、カネにならない成果ばかりが成果として認知されることによって、そのためにカネにならない成果を生みだす体制が構築され、その体制がカネにならな

い業務を生む。カネにならない成果が目標として与えられ、カネにならない成果が成果として評価されて、カネにならない成果を生み出した労働者が多くの報酬を受け取り、カネにならない成果を生み出せないものは罰を受ける。報酬と罰により労働者の労働意欲が刺激されて生み出される労働力がカネにならない業務の処理に投入される。これがまたカネにならない成果を生み出すが、カネという成果が生み出されないために、分配できるカネが少ない。その少ないカネを株主や経営者が必要な分を先取りすることにより、労働者の報酬は減り、設備は買えず、労働環境が悪化し、労働意欲が下がり、業務が処理されず、カネにならない成果もカネという成果も減っていってしまう、ということです。

それでは順を追ってもう少し詳しく見ていきます。

〈１〉成果の認知の仕方（重視する情報）

業務が処理されることで組織内では無数の成果が生み出されます。取引が成立して売上が計上されたり、契約が成立して生産が始まったり、工場で商品が完成して在庫が計上されたり、在庫が出荷されて取引先に配達されたり、実験が成功して新商品が誕生したり、消費者の印象に残るキャッチコピーが出来上がったり、給与の計算をしてお金が振り込まれたり、第三者からの認証を取得したり、新卒や中途の採用が決定したり、一年間定時運行を遵守したり、納期に遅れることなく引き渡したり、……。

成果には、成果物として残るものや、数字として残るものもありますが、一方で顧客からの信用やブランド、上司や同僚からの信頼のような目に見えないものもあります。

こうした無数の成果がある中で、その中の一部の成果を取り上げて、情報として管理し、組織の状態を把握することが必要になります。

これは、経営者が組織を経営するにあたり、組織の経営状態がどうなっているのか、各部署の業務は順調に進捗しているのか、期待する成果が上がっているか、その結果として組織は儲かっているかを知ろうとするからです。

一部の成果を取り上げるにあたり、組織によっては「採用に役立つ認証の取得」や「誤字脱字のない資料」や「手の込んだ綺麗なパワーポイント」といったものが成果物として認知されるところもあります。

また、売上高や獲得件数など定量的な尺度を用いて成果を測る場合もあります。このとき使用される尺度が成果指標・成果尺度ということになります。成果指標や成果尺度を用いることで、成果を見える化・定量化・数字化して認知・把握することができます。経営者は様々な成果指標を設定し、その指標の状況を見ることで、組織の状態を把握しようとするわけです。

認知される成果を決めるにあたり、この組織では何を成果とするのか、そして成果を測るための成果指標を何にするか、成果と成果を測る指標を定めることになるのですが、ここに組織ごとの考え方の違いが表れることになります。

本来、労働者が業務を処理したことによって、組織が重視する成果が得られたのであれば、その組織は順調であるはずです。しかし、成果や成果指標の選択とその運用の仕方が適切に行われないと、結果として、成果が上がっているのに儲からない、成果指標はちゃんと達成されているのにカネがないというような状況に陥ることもあります。


例えば、売上を成果指標とすることで、本当は利益が残らないと意味がないはずなのに利益を削ってでも売り上げを上げようとすることになります。

新規獲得件数を成果指標とすると、本当はサービスの新規加入者が増えて利用者が増えることによって収益が上がらないと意味がないはずなのに、既存顧客の契約を一度解約して再加入させるというような行動をとるヒトが出てきます。ほかにも、利用されて初めて収益が上がるはずなのに、とにかくお付き合いで入ってもらおうという行動をとるヒトが出てきてしまい、全く利用されないサービス・口座・クレジットカードが出来上がってしまいます。

綺麗なパワポの資料が成果として求められる組織では、内容は薄くとも見た目がきれいな資料作りに労働が投入されます。

誤字脱字が一つもない資料が成果として求められる組織では、内容は薄くとも誤字脱字が一つもない資料作りに労働が投入されます。

認証マークの取得や維持が成果として求められる組織では、利益獲得の役に立たない認証マークの取得や維持のために労働が投入されます。

定時運行されたかどうかを成果指標とする組織では、ダイヤの遅れが発生しそうになると定時に間に合うようにするために危険な運転を誘発することになります。

納期遵守を成果として求める組織では、不可抗力によって納期が遅れそうになっても納期に間に合わせるために、必要な作業を省いたりデータを改ざんして合格にしたりすることになりかねません。

こうして、適切でない成果や成果指標が重視され、カネという成果につながらない成果を成果とすることが習慣になっていると、カネにならない成果ばかりが山積みになるということは起こりえます。

〈２〉体制づくり

組織内で生み出される成果は労働者が労働力を使って業務を処理することで生み出されているわけですが、労働者が処理すべき業務は組織内の「体制」から生み出されています。

体制とは、経営者が商品やサービスを生み出すために、組織の中に様々な機能に分けた部門を作り、その各部門に商品やサービスを生産するための設備を配置し、商品やサービスを生産するための方法やルール・決まり事を作り、管理者（責任者）のポストとスタッフに労働者が配置されたものであり、研究開発体制・生産体制・物流体制・販売体制・管理体制といった形で存在しています。

こうして出来上がった体制の中で発生する業務を、配置された管理者とスタッフが処理することで成果が生まれるわけです。

組織が生み出す必要のある成果は、組織の成長過程や外部環境や時代とともに変化します。このため、組織内には変化に対応するための新しい体制が必要になり、一方で一度構築した体制も常に見直す必要があります。

組織が生み出す商品やサービスが市場に受け入れられて、販売体制を強化しないといけなくなり、営業所を全国や全世界に作り、営業担当者を採用し、販売チャンネルも増やす。販売地域が広がれば物流体制を強化しないといけない。現在の生産体制で生産できる以上の需要が生まれたら、その需要を満たすために生産体制を見直す必要がある。生産増加のために新たな工場を作り、設備を増やしたら、それらを維持保全する管理体制が必要になる。技術力が必要であれば研究開発体制を作り、製品の品質を安定させる必要があれば品質管理体制を作り、生産・販売の拡大のためにヒトを増やさないといけないなら採用の体制を作り、従業員が増えたら従業員の管理体制を強化しないといけない。

また、法律が変わり新たに製品の安全性を管理する必要が生じれば品質管理体制を強化し、環境規制が厳しくなったら生産過程から排出される有害物質を管理する体制が必要になり、労働時間管理が厳しくなれば労働時間を管理する体制を作らないといけない。

そのほかにも、ビジネスで使用しているパソコンのＯＳが変われば、それに対応するための業務を処理する体制が必要になる、自然災害が発生すれば、復旧のための業務を処理する体制が必要になります。

体制作りの中でも、特に変化が大きくて速いのが道具と設備です。道具と設備はいつの時代も技術革新によって急激に変化します。このことは歴史を眺めてみるだけでもわかります。

言語を後世に伝えるために文字が誕生しましたが、最初は文字の記録媒体が石だったので、必要な労働は石に文字を刻み込む労働でした。記録媒体が粘土になると、必要な労働は粘土に文字を刻み込む労働に変化しました。記録媒体が紙になると、必要な労働は紙に文字を記入する労働になり、文字の記入は東洋では墨と筆、西洋ではインクと万年筆、その後は鉛筆やボールペンに移行し、美しい文字を書ける労働者が重宝されました。紙への記入がタイプライターになるとタイピストという労働が生まれ、記録媒体が磁気になると、タイプライターはワープロになり、その後パソコンの中のソフトウェアに移行し、現在では普通の労働者がきれいな文字を高速で入力できるようになっています。

また、ヒトやモノの輸送のために馬車ができましたが、それによって馬を操る御者という労働が生まれました。自動車が誕生すると必要な労働はタクシーやバスやトラックのドライバー（運転手）という労働に変わり、飛行機が誕生するとパイロットという労働が生まれました。

道具や設備の技術革新が起きるとそれまでの道具や設備とは性能が全く異なるので、古い道具を使い続けることは組織にとって命取りになります。このため、技術革新が起きて新しい道具や設備が登場した場合、体制の中の道具と設備を刷新する必要に迫られるのですが、一方で、道具や設備の変化は、組織内の体制の在り方や必要となる労働やルール・手続きの見直しにもつながることになります。
なぜなら、現在の体制は古い道具や設備を使用することを前提として構築されているからであり、この見直しのことがＢＰＲ（ビジネス・プロセス・リエンジニアリング）と呼ばれるものになります。

仮に異なる組織が体制作りにあたって、同じ名称の部門を作り、同じ道具と設備を購入し、同じ人数の労働者を配置したら、同じ成果が生まれるのかというと、そんなことはありません。なぜなら組織によって体制の中で処理される業務の手続き・ルールが異なるからです。

例えば、生産する商品やサービスに対して、一定程度の不良品を許容するのか、不良品ゼロを目指すのかで、品質管理基準や体制が変わります。意思決定にあたっても、責任者が決定したことを業務として処理するのか、決定までに関係者が集まって会議を繰り返し、コンセンサスが得られたことを業務として処理するのかでは、決定までにかかる時間と決定したことへの参加意識が変わります。

道具や設備の使い方や熟練度によって労働者ごとに品質の差や作業スピードの違いが出ないように、道具や設備の使い方をマニュアルや作業標準として事細かく定める場合もあります。製品の作り方もベルトコンベヤー方式で生産する会社もあれば、セル生産方式で生産する会社もあります。

また、そもそも組織が体制を作るのは、経営者が何かしらの成果を生み出す必要性を感じて、その成果を生み出す部門を作り、その部門に業務処理に必要な道具や設備を配備し、業務処理のルールを作り、責任者とスタッフを配置するわけですが、経営者が何を必要な成果と考えるのか、どんな考え方に基づいてヒトにポストを与えるのか、どんな考え方に基づいて設備を購入するのか、どんな考え方に基づいてルールを作るのか、といったことが経営者によって異なるので、組織ごとに出来上がる体制は変わります。

結果的に、本来、成果としてのカネを生み出すためか、カネにはならないけど法律的にやらないといけないことをやるために組織の中に体制を構築するはずなのだけど、経営者がカネにならないし法律的にも必要ない成果を求める場合には、必要性の低い体制が出来上がってしまいます。

また、時とともに外部環境が変わり、必要性がなくなる部門もあるはずですが、その見直しを行わないことによって、必要性のなくなった部門がそのまま温存されてしまいます。

技術革新が起きて新しい道具や設備を使わなければ競合他社に後れを取るにもかかわらず、今までのやり方や道具や設備に固執して新しい道具や設備の導入に後れを取るということは起こりえます。

一方で、一度出来上がった体制の中の業務がなくなってしまうと困る既得権益者が出てくると、そうした既得権益者は既存の体制を維持しようとします。

技術革新が起きて、今までヒトが行っていた業務を新しい設備を使えば数分の一の労働で処理できるようになったにもかかわらず、新しい設備の操作を覚えるのが大変なので時代遅れの設備を使い続けたり、その設備を使うと自分の仕事がなくなるから今まで通りのやり方でやろうとしたりします。

また、組織の中の部門は何か成果を上げないと存在意義がなくなってしまうので、成果を上げようとして、必要のない業務を作ります。

こうした体制の維持や業務の存続が目的化してしまうことの問題は、結果として、無駄な部門・古い設備・余計なルールが必要性のない業務を生み出し、業務が増える一方で減らない、効率的なやり方があるのにそれをしない、そのような体制から生み出されるカネにならない業務によってヒトの労働が消費されてしまい、ヒトの労働を必要とする業務が多い割には、カネ（粗利益）という成果につながる業務があまりない組織が出来上がってしまうことです。

〈3〉目標の与え方

組織の中で認知される成果やその成果を測る様々な成果指標が定まると、それらは各部門や各労働者の役割に応じた目標に落とし込まれます。

部門の責任者やそこにいる労働者は自分に与えられた目標の達成に向けて労働力を業務処理という労働に投入することになります。

認知される成果がカネにならないものばかりだと、目標もカネにならないものばかりになり、そうしたカネにならない目標の達成に向けて労働力が投入されて、カネにならない成果が生み出されてしまいます。売上が目標であれば、利益を削ってでも売上を上げる、件数が目標になっていれば、どんなやり方でも件数を獲得しようとするといったように。

また、目標として明示されていなくても、組織内で誤字脱字のない資料が成果として求められ、評価される環境になっていれば、労働者は誤字脱字のチェックという業務に労働力を投入することになります。

〈4〉評価と報酬と罰を使った労働意欲の刺激の仕方（人事制度の運用）

そもそも労働とは、「からだを使って働くこと。特に、収入を得る目的で、からだや知能を使って働くこと」とされています。この「働くこと」の部分をもう少し別の言い方をすれば「組織内の業務を処理すること」といえます。

これは労働者側から見た定義なので、組織の側から見れば、労働とは「労働者に賃金を支払うことで、労働者のからだや知能を使って組織内の業務を処理させること」だといえます。

だから、組織としてはできるだけ少ない賃金で、できるだけ労働者を働かせて、組織内の業務をできるだけ多く処理させたいと考えています。

労働者に組織内の業務をできるだけ多く処理させるために、組織は労働者の労働意欲を刺激し、高めようとします。

なぜなら「労働」は労働者の「労働意欲」すなわち、「働きたいと思う気持ち」「働こう、働かないといけないという労働者の気持ち」の結果として生み出される「労働力」によって行われる行為なので、労働者の労働意欲が高まらなければ同じ賃金でより多く働かせることができないからです。

そして、労働者の労働意欲を刺激するのに主に用いられるのが「報酬」と「罰」です。

報酬とは主に賃金（カネ）のことです。組織は、カネの与え方を工夫することで、労働者の主体的な労働意欲を高めて、労働者が組織の期待する働きをするように制御しようと試みます。

組織による労働者へのカネの与え方としては、主に月給や年俸などの「給与」と残業代などの「手当」と一時金としてその期の成果や評価によって金額を変えて支給する「賞与」や退職時に支給する「退職金」などがありますが、これらの与え方を工夫し、労働者が組織の期待する働き方をすればより多くのカネがもらえるような制度を構築することで、労働者の労働を組織の期待する方向へと制御します。

例えば「給与」は「ポスト」や「能力」や「技能」や「勤続年数」と結びつけて与

え、「手当」は「ポスト」や「労働時間（時間外労働）」や「保有資格」と結びつけて与え、「ポスト」や「賞与」は「評価」と結びつけて与え、「退職金」は「ポスト」や「勤続年数」と結びつけて与えます。

こうすることで、組織は、労働者が「長く勤めよう」「時間外も働いて残業代をもらおう」「毎年評価されて賞与をたくさんもらおう」「評価されて早く出世して給与をたくさんもらおう」という動機を作り、労働者が組織から評価されるように一生懸命働こうという主体的な労働意欲が高まることを期待します。

そして、「評価」を組織が設定した目標の達成や期待する成果と結びつけることで、労働者の労働力を労働者が組織から与えられた目標や成果の達成へと向かわせるわけです。

罰とは、労働者の成果が組織の期待に満たない場合、苦痛な刺激を科すことです。

この場合、苦痛な刺激とは、組織の期待通りの成果を出さなかったら、クビにする、左遷する、評価を下げる、給料を下げる、人格を否定するような再教育を施す、みんなの前で罵倒する、脅す、怒鳴る、叱責する、殴る……といったことを行うことです。

罰による労働意欲の刺激とは、罰を賃金やポストと結びつけることで、労働者の「一生懸命働かないとヤバい」という気持ちを起こさせ、恐怖心や不安を掻き立てて労働意欲を高めることであり、決して前向きな労働意欲ではないが、カネを使わずに労働者の労働意欲を高める方法です。

例えば、労働者を働かせるために、労働者がさぼらないように監視し、サボったり期待する成果を上げられなかったりすれば、評価を下げて賃金や賞与を減らしたり、左遷して地位を奪ったり、という罰を与えることで、評価が下がることに対する不安や恐怖心を植え付けたり、従業員が目標達成に必死に取り組むようにするために、業績の進捗を確認する会議の席で、業績の良くない部署や従業員を会場の最前列に座らせて、彼らをつるし上げて恐怖心を植え付けたり、従業員がミスをしないように、ミスをした従業員を呼び出して人格を否定するような再教育を行い、再教育を受けることに対する恐怖心を植え付けます。

罰を受けることに対する恐怖心や不安を与えることで、労働者の労働意欲が恐怖心や不安の感情から生まれた労働意欲によって占められることになりますが、結果として後ろ向きの労働意欲によってでも業務は処理されることになります。

こうした労働者の評価や報酬や罰の与え方をルール化したものが「人事制度」ということになりますが、この人事制度も、その構築の仕方や運用の仕方に組織による違いが出ます。なぜなら、組織ごとにどのような人物が評価されて、どのような人物が無能とされるのか、評価の決定の仕方や評価によってどの程度の報酬や罰が与えられるのかに組織ごとの考え方の違いが表れるからです。

ただし、本来、労働者の労働意欲を高めるために作られるはずの人事制度なのですが、実際に人事制度で労働意欲を高めるのは非常に難しく、その運用の仕方によっては反対に労働者の労働意欲を下げることになります。むしろ、労働意欲の低下につながることばかりで、人事制度を使いこなすことは非常に困難が伴います。

そして、人事制度の扱い方を間違った結果として、労働者が組織にとって望ましくない行動をし始めてしまうということが起こります。

例えば、評価の与え方ですが、大した仕事をしていなくても経営者や管理者に気に入られている労働者が実際には評価されているとなると、多くの労働者は真面目に仕事に取り組もうという労働意欲が下がるか、経営者や管理者に気に入られるための胡麻すりに労働力を使うことになります。

また、成果と評価と報酬の関係があいまいだと、どれくらい頑張って、どれくらいの成果を上げれば、どれくらいの評価を得られ、どれくらいの報酬がもらえるのかがわからないため、それが労働者の不満になり労働意欲が下がります。

評価に不満が出ないように客観的に測定できるような明確な評価基準にしようとして、数値化しにくい業務の成果尺度を定めて目標を定量化しようとしたものの、変な指標を使い、変な数値目標を設定し、その変な指標の達成度によって評価を行おうとすると、どんな方法でもいいからその変な指標の目標値を達成すればいいということになり、無意味なやり方で変な指標の目標値を達成した労働者が評価されることになります。

また、自分に設定された目標の達成以外は評価されないのであれば、自分には関わりのないヒトの仕事を手伝っても評価されないので手伝わなくなります。

「評価に差をつけるのがかわいそうだから」と、成果を上げても上げなくてもほとんど評価が変わらないのであれば、誰も成果を上げるために頑張ろうとは思いません。

評価差をつけるにあたって、現実には労働者の成果の分布はきれいな正規分布にはなっていないにもかかわらず、評価差をつけるためにあらかじめ評価の分布を決めておき、評価を社員同士が奪い合う相対評価になっていると、自分の評価につながらないほかの社員の手助けなどはしなくなり、社員同士が協力しなくなります。また、ほとんど変わらない成果を残していても、相対評価では実際よりも高い評価になった人は良いですが、悪い評価になった人は不満を持つことになります。

評価結果による、報酬差が小さすぎれば、そんなに頑張ってもしょうがないということになり、労働意欲がわかなくなります。

一方で、評価結果による、昇給額、昇進（与えられるポスト）、受け取る賞与など報酬差が大きすぎれば、評価されようと労働意欲は高まるかもしれませんが、数値目標の結果だけを評価してプロセスはみないということになると、目標数値をクリアするためなら無意味なやり方でもいいということになり、どんなやり方でも目標を達成してきた労働者が評価されてポストが与えられることになっていれば、高いポストに就きたい労働者は無意味な方法や不正な方法でも目標を達成しようとします。

目標の達成の仕方も、やり方はどうでもよくて、目標として設定された数値が達成できていれば評価されるということになっていると、組織にとってカネになるやり方ではない方法で手っ取り早く目標達成する方法があれば、そのやり方で達成しようということになり、一方でカネになる方法で手間をかけても、目標を達成できないと評価されないならば、まともなやり方で仕事をする正直者が馬鹿を見ることになるので、最終的には手っ取り早く目標を達成できる方向に多くのヒトが流れていきます。

また、目標数値を達成したかどうかで評価をつける場合には、同じ実績を上げたとしても、低い目標を設定してそれを達成したヒトの評価が高く、高い目標を設定したヒトの評価が低くなるということが起きて、これもまた正直者が馬鹿を見ることになり、まともなヒトは、最初にできるだけ自分の目標を低く設定しようということになります。

報酬の与え方として、そもそも労働に対する対価である賃金が著しく低いとか、世間並以下の賃金にしかならないような水準であれば、そもそも労働意欲はわきません。

また、一生懸命働かなくても勤続年数が長いだけで労働者の給料が高くなる人事制度になっていれば、勤続年数は長いが能力も労働意欲も低い年寄りの労働者が得になり、勤続年数が短いが若くて優秀な労働者の労働意欲は下がるので、若い労働者は辞めるか、この若手もやがては能力も労働意欲も低い労働者へと変わり、こうした労働者が組織内に増殖することになります。

目標が仮に現実離れした内容であっても、それを労働者に課して、それが達成できなければ罰を与えると脅すような組織では、労働者は、目標を達成しないと罰を受けるので、目標設定の段階でできるだけ自分に与えられる目標を低くしようとします。そして、達成不可能な目標を設定され、まともなやり方で目標に取り組んでいるとてもできないが、評価が下がると罰を受けるなら、どんなやり方でも達成しようとつじつま合わせの方法で目標に取り組むことになります。そして、従業員が恐怖心や不安を回避するために、死に物狂いで与えられた業務を処理しても求められる成果を上げられそうにない場合には、意味のあるなしなど考えずにどんなやり方でも成果を上げようとして、無意味なやり方や不正な方法であっても組織から期待される成果を上げようとするようになります。

やれと言われたことをやらないと罰を受ける、失敗すると罰を受ける、そのような環境下では、普通の労働者は失敗するリスクのあることをやろうとしなくなり、達成できそうな目標に手堅く取り組むことが合理的になります。

また、経営者や管理者の意向に逆らうと罰を受けるような環境であれば、言うべきことを言うと、自分の立場が危うくなるので、おかしいと思っても口をつぐんで見て見ぬふりをしてしまう、言うべきことを言わない労働者が増えます。

経営者に悪い情報を持ってきたヒトに罰を与えるような環境であれば、誰も経営者に真実を語らなくなります。

ミスやトラブルが発生した場合、それが自分の責任だと認めると罰を受ける環境であれば、自分の責任でなければいいと、ミスやトラブルの責任を擦り付けあい、社員が問題解決に協力しない、足の引っ張り合いを行い、社員同士が助け合わなくなります。

また、問題が発生したときに、問題を起こしたヒトは、「ルールがなかったのが悪い」といって責任逃れをします。そうなると、監査や上司はルールがなかったことを責められます。そうなると、監査や上司は次のミスやトラブルといった問題が発生したときに、その原因を自分の責任ではなくするために「ミスやトラブルが発生したのは担当者が業務上定められたルールを守らなかったからだ」と言えるように責任回避のための業務上のルールを作ります。そうなると、例えば「正社員数が減っているのに正社員が点検する」など、現場が守れないくらい現実離れしたできもしない事細かなルールが出来上がり、まともにルールを守っていると業務が煩雑なので誰もちゃんとルールを守らなくなってしまいます。こうして、現実と整合性のない、矛盾のある、形だけの守られないルールが増えて、表向きのルールと業務の実態が乖離してしまいます。

「そんな馬鹿な」と思うかもしれませんが、組織が作った人事制度の運用方法の中で労働者が合理的に行動しようとすると、このような行動を促すことになるわけです。

このように、労働者の労働意欲を高めるための人事制度も、その運用の仕方によっては、労働者の労働意欲を低めたり、努力の方向性をおかしな方向に向けてしまったりするわけです。

そしてこんなことが普通に行われていたら、目標は達成したけれど、いずれ大きな問題が表面化したり、組織にはカネという成果がほとんどなかったりという状況に陥ってしまいます。

〈5〉カネの使い方（成果の分配）

体制の中で発生した業務を労働者が労働を通じて処理することによって様々な成果が生み出されるのですが、成果として生み出されるものの中にはカネがあります。

組織の中ではこのカネをいろいろな利害関係者に分配することになります。

このカネの分配の仕方、使い方としては、原材料の購入や外注費の支払いなど再度事業に投入する、労働者への報酬として分配する、道具と設備に投資される、経営者の報酬として分配する、借金の返済と利息の支払いに充てる、株主に配当として分配する、あまり事業と関係のないものに消費する、国に税金として納付する、などがあります。

成果として生み出されたカネの分配や使い方にも組織ごとの違いが出ます。なぜなら、経営者が何を重視するのかによって、カネの分配や使い方が変わるからです。

経営者が宇宙旅行やプライベートジェットや美術品の購入といった自分の夢の実現を重視したいのであれば、分配にあたって「経営者の報酬」に多くを分配します。

株主に十分な配当を行わなければ解任される可能性のある権力基盤の弱い経営者であれば、分配にあたって「株主への配当」に多くを分配します。

労働組合が強い組織の経営者であれば、分配にあたって労働組合からの要求を認めて「労働者の報酬」に多くを分配します。

従業員の物心両面の幸福を追求したいと考える経営者であれば、労働組合から要求されなくても「従業員の報酬」に多くを分配します。

事業の拡大や収益力の向上を第一に考える経営者であれば、「新たな道具と設備への投資」と「新たに採用する従業員の報酬」に多くを分配します。

ただし、生み出したカネの範囲内でしか分配はできないので、利害関係者全員が満足できるだけのカネを生み出せていない組織の場合（ほとんどの組織）、利害関係者の誰かの分配が多くなるとほかの誰かへの分配が少なくなります。

カネの使い方の習慣として、経営者の報酬や株主への配当や借金の返済など、組織内の業務処理には直接関係のない利害関係者への分配を優先することが習慣化している場合には、長期的に組織が生みだすカネの創出能力が減っていくことになります。

なぜなら、組織が生み出すカネという成果を増やすためには、カネになる業務をより多く労働者に処理させる必要があるわけですが、そのためには生産性の高い道具や設備を導入することによる労働生産性の向上か、労働者の労働意欲の向上に伴う労働力の増加が必要になるのですが、労働者の報酬が世間並み以下の所得にしかならないような分配をしていたり、カネという成果が上がっても上がらなくても労働者の報酬が変わらなかったりすれば、その組織の労働者の労働意欲は低いか、場合によっては労働者の離職による業務処理能力の減少に至ってしまうし、設備投資を行わず、古くて生産性の悪い設備を使い続ければ、労働者の労働が非効率な業務処理に浪費されるので、カネという成果が一向に上がらないことになり、労働環境も改善されず、労働者の労働意欲もまた下がることになるからです。

5 理想と現実の差の埋め方

経営習慣が悪いと、利益を削った安売りによる事業の収益性の低下、カネにならない部門や人員を抱えることによる販売費および一般管理費の増加、古い設備と労働意欲の低い労働者による生産性の低下によって、その組織の事業が本来持っている収益性を棄損してしまい、カネが残りません。

言ってみれば、水漏れしている水道から出てくる少ない水を穴が開いているバケツで貯めようとしているような状態で、思ったほどカネが出てこない上にバケツからもカネが漏れ出しているので、組織にカネが残らない状態になっており、本来稼げたはずの粗利益が稼げない、本来残せたはずのカネがムダなところに流れ出てしまっている状況です。

結果として、経営者が期待するほど現実にはカネという成果がもたらされない状況に陥り、経営者の理想とする成果と現実の成果にギャップが生まれることになります。

このギャップを埋めるための方法として、本来は、経営習慣を改善していくべきなのだけど、短期間で手っ取り早く劇的に業績を改善させ、理想に到達したいと経営者が欲する場合には、これがまた悪い習慣を生んでしまいます。

それは、「変なコストダウン」「罰の強化（厳罰化）」「虚偽と不正」という習慣です。

「変なコストダウン」とは、短期的に利益を増やすために、中長期的には組織に悪影響を与えるような、組織の大事な部分のコストを削減することです。

主なものとしては、商品やサービスの生産量の減少や品質の低下につながりかねない「生産への支出」関連のコストダウンや、競争力の低下につながる「その他の支出」関連のコストダウンであり、例えば、

- 一律の人件費カット
- 残業代不払い

- 管理部門や設備の管理スタッフなど、見た目はカネを生んでいない部分の人員削減
- 正社員を非正規社員や外国人労働者やシルバー人材に置き換える
- 一律の設備投資の削減・取りやめ
- 仕入・外注先の買いたたき
- 安全対策費用のカット
- 品質管理費用のカット

など、本来削るべきではない費用を削ることです。

この変なコストダウンの結果として、設備投資をすれば機械やソフトウェアでできることをヒト（従業員）がやり続けて労働時間が長くなる。人員削減による残った人の業務量増加と賃金ダウンによって労働意欲がまた下がる。設備の故障やトラブルが増える。優良なステークホルダーが去っていき、安かろう悪かろうの業者と取引せざるを得なくなり、商品やサービスの品質が悪化する、労災事故が発生するといったことが起きてしまう。

その結果として、さらにヒトが離職して残った人の業務量がさらに増えたり、設備

トラブルによる機会費用が発生したり、顧客が去っていき収益がさらに悪化したりということが起こります。

「罰の強化（厳罰化）」とは、カネを使わずに成果を上げるために、これまで以上に罰を強化して後ろ向きの労働意欲を高めようとすることです。単純に言うと「奴隷制」のようなものです。ただし、これにより恐怖心や不安の感情による労働意欲の創出が労働者の忍耐の限界を超えると、「ここでずっとは働けない」と考えて離職につながることになります。離職が次々発生すれば、従業員が減るので、組織内の業務量が変わらなければ、残った従業員の業務処理量がさらに増えます。そうなると組織は残った従業員に業務処理させるためにさらに恐怖心や不安に働きかけて業務を処理させようとしますが、それが残った従業員の長時間労働を生み、労働環境を悪化させ、労働者の忍耐の限界を超え、さらに労働者の離職が増えることにつながります。

「虚偽と不正」とは、組織レベルと個人レベルでの虚偽や不正による架空の成果の創出のことです。

組織に「やれ！」と言われた目標を達成できなかったら評価が下がり、左遷されるから、評価が下がることを恐れて、手っ取り早く成果を出すために不正や偽装への誘惑にかられたり、不正行為や手抜きでもしないととてもできないからそれを実行する。ミスをしたことを正直に報告すると地位を失うから、問題が発生していても隠蔽したり、改ざんしたりしてでも虚偽の報告をする。決算で業績が悪いと株主から責任追及されるので数字を操作する。

こうしたことが組織の中で横行するようになります。

6
結果として到達する労働環境の悪化

これまでに取り上げてきた経営習慣に誤りや歪みや偏りがある組織では、どんな指示であれ経営者の指示に疑問を感じず忠実に従う労働者や、不正な方法でも経営者の期待する成果を上げた労働者が評価されて、経営者の側近・幹部・管理者のポストが与えられ、ほかの労働者を管理する指導的な地位を占めていくことになります。

結果として、組織の指導者層が同質的な考え方になり、経営者とともに組織を運営していくことになるので、不正を働いてでも成果を上げる、部下に無理を押し付けるということがその組織の支配的な考え方になっていきます。

こうして最終的にその組織の組織風土・組織体質が出来上がっていくことになります。

ちなみにその組織の業務に疑問を感じる労働者は、その組織では評価されずに低い地位で甘んじるか、またはその組織を離職することになります。

結果として、まともな人は組織を去り、残った人は組織に指示されたことはなんでもするか、組織の中で不満や葛藤を抱えながらしぶしぶ労働することになり、最終的に組織に残るのは、意義ややりがいの感じられない仕事、良心の呵責を感じる仕事、罰に怯える質的に劣化したやる気のない労働者かそんな組織に忠誠を尽くす労働者、低賃金で人間関係の悪い長時間労働の労働環境、老朽化した設備、それらを用いて営まれる収益性の悪い事業ということになります。

7

経営習慣は経営者の「考え方」から生み出される

それでは経営習慣はどのようにして生まれ、組織に定着していくのかですが、基本的には、何を成果とするのか、どんな体制を作るのか、どんな労働者を評価するのか、どのようにカネを使うのか、こうした成果の認知の仕方、体制づくり、目標の与え方、評価と報酬と罰を使った労働意欲の刺激の仕方、カネの使い方を決定しているのは、経営者か経営者によって選抜された側近（経営者層）です。

ただし、自分の側近にどのような人物を配置するのかを決めているのは経営者自身なので、経営習慣を最終的に決定しているのは、経営者であるということになります。

経営習慣が経営者の考え方から生まれているということを説明するために、経営者の業務について説明します。

経営者の業務は組織を経営することなのですが、それは自動車の運転に類似していると私は考えています。

自動車やオートバイの運転免許を持っている方なら、教習所で必ず学ぶことですが、自動車の運転をする際には、運転手は常に「認知→判断→操作」を繰り返し、走行状態を変化させながら車を走行させています。

前方の信号が赤から青に変わったと認知すれば、車を発進させようと判断し、アクセルペダルを踏んで車を発進させます。

前方の信号が青から赤に変わったと認知すれば、車を停止させようと判断し、ブレーキペダルを踏んで車を停止させます。

雨が降ってきたと認知すれば、運転手は視界を確保するためにワイパーを動かそうと判断し、ワイパーのレバーを操作すると、ワイパーが動きます。

燃料計のＥＭＰＴＹランプが点灯し、最寄りのガソリンスタンドが見えたと認知すれば、運転手は「ここでガソリンを入れておかないといけない」と判断し、方向指示器を操作し、ブレーキを踏んで減速し、ハンドルを回して、ガソリンスタンドに入り給油します。

このようして自動車を安全に走行させているわけですが、運転中に認知ミスや判断ミスや操作ミスがあると交通事故につながります。

企業経営は、会社という組織を経営者が運転手として操作しているようなものだと考えてみます。経営者は社外の市場環境や社内の状態をいろいろな情報源を通じて認知し、経営判断（意思決定）を行い、組織を操作するための指示・命令を出します。

つまり、経営者が組織の置かれている状況をどのような情報で認知して、そしてどのような経営判断をするのかで、組織の進むべき方向性が変わるわけです。

経営者が組織の置かれた状況を把握するための情報として、業績管理表や会議体があり、適切な経営判断を行うために自身が学習したり、側近を登用したりするわけです。

もし、経営者が不適切な情報に基づいて経営判断を行う場合には、適切な判断をしても、組織はまともな経営がなされないでしょう。

もし、経営者が適切な情報を入手できたとしても、不適切な判断をしてしまうと、組織はまともな経営がなされないでしょう。

もし、経営者が不適切な情報に基づいて、不適切な判断をした場合には、時にはまぐれもあるかもしれませんが、ほとんどの場合、組織はまともな経営がなされないでしょう。

経営者が適切な情報に基づいて適切な判断を行った場合にのみ、組織は比較的まともな経営がなされることになります。ただし、外部環境は刻々と変わり、予想外のことが起こるので、それでも絶対に経営がうまくいくとは限りません。

一方で車の運転と企業経営が大きく異なるところは、車の運転の場合はハンドルを回す操作をすれば車の進行方向が変わり、ワイパーのレバーを操作すればワイパーが動く、アクセルを踏む操作をすればスピードが上がり、ブレーキを踏めばスピードが落ちる。運転手の操作と車の反応が密接に連動していますが、企業の場合は経営者が「認知→経営判断（意思決定）→指示・命令」をしたあとに、「従業員をコントロール（制御）」して業務処理させる必要があるのですが、経営者がいくら指示命令を出しても従業員が経営者の意図した通りに動くとは限りません。経営者の〝指示命令〟と従業員の働きを通じた〝組織の動き〟が必ずしも密接に連動しているわけではありません。また、場合によっては、経営者の指示命令とは関係なく、各自が勝手な動きをして、経営者が組織を制御できないこともありえます。

「自分以外のヒト（従業員）を自分や組織の目的達成のために動かすこと」をリーダーシップと定義するならば、経営者がリーダーシップを発揮できない、すなわち従業員を自分の指示命令どおりに動かすことができなければ、経営者が適切な情報に基づいて適切な判断を行った場合でも、経営者の思い通りに組織を経営することはできません。

だから、経営者は従業員を自分の指示命令通りにコントロール（制御）するために様々な影響力を行使します。そして、従業員を制御する方法として用いるのが人事制度（評価、報酬、罰）なのです。

経営者は企業を経営するために、認知する成果を決定したり、体制を作ったり、人事制度を導入したり、カネの使い方を決めたりするわけですが、それらの運用の仕方、経営習慣の決定は〝その時点〟の経営者の考えが反映されることになります。そして、この経営者の考えは、経営者のその時点における知識や価値観、経験、倫理観、権力基盤、報酬の決まり方といったものの影響を受けて生み出されています。

例えば、経営者の報酬が会社の業績や株主によって決められる場合には、業績が悪かったり、配当が少なかったりすると自分の立場が危うくなるので、無理に短期的な成果を労働者に求め、株主への分配を多くしなければなりません。

自分の報酬が業績に連動する場合には、会社が儲かっていないといけないので、不正を働けば手っ取り早く儲けられるのであればやってしまう、儲かっていないけど粉飾することで株主への見た目を良くできるからやってしまう。このように本来倫理観があればしないことを倫理観が欠けているから、目先の業績向上のために不正を働くことへの誘惑にかられ、誘惑に負けて不正に手を染めてしまう。

経営に対する十分な知識がないから、手っ取り早く儲けようとして変なコストダウンに走ったり、罰を用いて労働者を働かせたり、どんなやり方でも期待する成果を上げた社員を評価してポストを与えたり、カネにならない成果を重視したり、労働力の削減につながる設備投資を行わなかったりしてしまうのです。

それでは、いろいろな問題を抱えている組織において、どうすれば状況を改善していけるのでしょうか？

次章では、「組織の状態の把握」と「経営習慣に問題があると考えられる場合の改善策」について検討していきます。

第3章
組織の状態を改善するには

1
組織の状態をとらえる

組織にはいろいろな業種があり、全体として見るとその中身は非常に複雑に見えるけれど、組織を観察する視点として、以下の二つの式を構成する各項目を見ていくことで、組織の状態をおおよそ把握することができます。

【第一式】業務発生量［ア］≧≦労働力（業務処理能力）［イ］

【第二式】粗利益（付加価値）［ウ］≧≦販売費および一般管理費（組織運営費）［エ］

第一式は、業務発生量と業務処理能力の比較式であり、上項の［ア］が下項の［イ］より大きければ、人手不足や残業や外注委託が発生し、反対ならば処理能力が余っていて、手待ち時間や余剰人員があることを示しています。

第二式は、粗利益と販管費の比較式であり、上項の［ウ］が下項の［エ］より大きければ、黒字で組織内にカネが蓄積され、反対であれば赤字で組織外にカネが流出していることになります。

この二つの式によって、組織の状態を見る場合の良い状態とは、第一式については、［ア］については必要最低限の量になっていて変動が少ないこと、［イ］については、労働者数が必要最低限の人数になっていること、そして、第一式の上下が均衡している状態になっていることであり、第二式については、［ウ］＞［エ］の状態になっていることです。

この二つの式によって組織の状態を見たとき、組織の状態が良くないのであれば、その原因は、

①業務発生量の部分で問題が起きている
②業務処理能力の部分で問題が起きている

③カネの部分で問題が起きている
のいずれかであることがわかります。


この二つの式の構成項目と関連性について説明します。

［ア］は組織の中で発生する業務量であり、経営者が従業員に処理させる必要がある業務であり、これは事業の内容と体制によって決まります。

［ア］の業務発生量によって、基本的には必要となる［イ］の業務処理能力が従属的に決まるので、［ア］に合わせてヒト（従業員）を採用したり道具や設備を購入したり外注に委託したりする必要が出てきます。

［イ］でヒトを採用したり、道具や設備を購入したり、外注委託したりした結果として費用が発生するので、第二式の［エ］のコスト構造が決まることになります。

つまり、［ア］が必要以上に膨張するとやらないといけない仕事量が増えてしまい、それを処理する必要から［イ］を増やすために残業するか、外注するか、人を増やすか、設備投資をする必要が出てきて、［エ］のコストの増加につながってしまいます。

また、［ア］の業務発生量が［イ］によって処理されることで、企業の商品やサービスが生産され、それが売れることで［ウ］の粗利益が生み出されます。ただし、［ア］の業務発生量のうち粗利益の獲得につながるのは「付加価値活動」と言われている事業に必要不可欠なカネになる業務だけであり、「非付加価値活動」と言われるカネにならない余計な業務は［ウ］の創出には関係がありません。つまり、［ア］の業務発生量のうち、その内訳の非付加価値活動の占める割合が多くなるということは、カネにならない仕事ばかりしていて、仕事をした割には粗利益が少ない状態にあるということになります。

例えば、ある企業で業務はたくさんあるが（第一式［ア］の増大）、余計な仕事（［ア］に占める非付加価値活動）の処理に大半の労働が費やされ（第一式［イ］の増大）、粗利益は少ない（第二式［ウ］が少ない）が、販売費および一般管理費が多くなり（第一式［イ］の増大の伴う第二式［エ］の増大　ex残業代の増加）、ついには販売費および一般管理費の方が多い（第二式［ウ］＜［エ］）ということになると赤字になるので、その結果として、さらに粗利益を稼ぐため（第二式の［ウ］を増やして［ウ］＞［エ］にするため）の更なる業務の増加（［ア］の増加）と長時間労働（［イ］の増加）につながり、一方で粗利益が少ない結果としての低賃金、サービス残業（第二式の［エ］を減らして［ウ］＞［エ］にするため）の発生、効率化のための支出や設備投資の見送り（［ウ］が少なくて［エ］を増やせないから）、その結果としての従業員の労働意欲の低下や離職による業務処理能力の低下（第一式の［イ］の低下）という悪循環に陥ることになります。

こうして粗利益を生まない仕事が社内に増え、その処理に従業員の労働時間の多くがあてられることになり、仕事は忙しいのに儲からない、利益が残らないという「利益なき繁忙」の状況に置かれた企業だからこそ、お手軽に利益を上げたいから、偽装する、談合するといった不正を働く誘因が生まれます。利益が出ない状況だから品質不適合があっても不良品にできない、忙しいからやり直しができないといった状況も生まれます。

長時間働くことで、疲労する、それなのに会社にカネがないから賃金は安い、それにより不平不満がたまり、そのような状況が変わらないからあきらめモードになり、ヒトの「やる気の喪失」により、労働意欲が低下し、業務処理能力が低下し、ヒトによっては離職に至ります。

また、社内の業務発生量を賄うために人を増やそうと思っても、労働市場からヒトを採用することが難しければ、［イ］を思うように増加させることができず、結果として［ア］の業務発生量を減らすために体制自体をヒトが少なくて済むものに変化させないといけなくなることも起こりえるし、ヒトを減らすために体制を見直し、そのために設備投資が必要になる場合には投資のためのカネが必要になるわけですが、［ウ］の粗利益や過去からの利益の蓄積（［ウ］－［エ］の蓄積）が十分でないために、そもそもカネがなくてできないということもあり得ます。

もし、こうした視点から組織の状態を観察した結果、仕事はあるのに儲かっていないといった「利益なき繁忙」状態に陥っているのであれば、経営習慣の改善によって状態を改善できる可能性はあります。

一方で、［ア］＜［イ］で業務発生量が業務処理能力を下回っていて、［ウ］＜［エ］で赤字に陥っており、その原因がそもそも自社の生産する商品やサービスのライフサイクルが終わりに近づいていたり、代替品に置き換わっていたりすることにある場合には、外科的治療あるいは新規事業や新商品の創出が必要になってきます。

2　組織の状態を改善するには

〈1〉経営者が考え方を変えてみる

今の組織が課題を抱えていて、その原因が経営習慣にありそうだという場合、経営習慣を改善して組織の体質をいい状態に変化させ、それを維持しなければなりません。しかし、今現在根付いている習慣は長く続けられて組織に根付いていて、当たり前になっているものなので、なかなか変えられるものではありません。

それでは、どうすれば組織の経営習慣を変えることができるのでしょうか？　それには、まず経営者が自らの考え方（先入観、ものの見方）を変えるところから始める必要があります。

なぜなら、「考え方が変われば行動が変わる、行動が変われば結果が変わる、結果が望ましいものであればその行動を継続する、その行動を継続できればそれが新たな習慣として根付く」ことになるからです。今現在の経営習慣は過去の経営者の考え方が起点となってできているので、経営者自らが考え方を変えるか、経営者の考え方を変えるように働きかけることが、経営習慣改善の第一歩になるわけです。

では、どのような考え方に変わればよいのでしょうか？　それは、経営者が目指している最終目標に至るまでの中間目標として「数年後の粗利益の最大化を目指す」という考え方に変えることです。そして、この中間目標を起点にして、組織内の経営習慣を整合的に変えていきます。

ちなみに、なぜ「〝今期（目先）〟の粗利益の最大化」を〝最終目標〟としないかですが、今期の粗利益を目標にすると今期の粗利益を最大化させるために今期のカネを使えなくなるのですが、経営体質改善のためには最初にカネの支出が必要になるからであり、また、カネを最終目標としないのは、カネはただの道具であり決して最終目標にするものではないからなのですが、とりあえず粗利益というカネがあればどの組織のどの経営者の最終目標の実現にも活用することができるからです。

〈2〉「成果の認知の仕方（重視する情報）」と「目標の与え方」を見直す

「数年後の粗利益の最大化」を実現するためには、まずは組織において認知される成果を見直すことから始める必要があります。なぜなら、本来、「粗利益の絶対額」が増えれば、大部分の指標は良くなるのに、それが重視されていないことが様々な問題の根本的な原因になっている可能性が高いからです。

また、重視する成果を粗利益に設定したなら、少なくとも全社の粗利益の内訳を分析できるようにするために顧客別粗利益・商品別粗利益・担当者別粗利益も把握できるようにします。これさえあれば、顧客と商品と社員の見え方が変わります。

売上は多いが粗利益の少ない顧客とは、基本的には安ければどこでもいいという顧客であり、そのような顧客を重視したところで中長期的な粗利益の向上にはつながりません。反対に粗利益の多い顧客とは自社の商品やサービスに対して正当な評価をしてくれる顧客であり、こうした顧客こそ組織が中長期的に重視すべき顧客です。

また、売上が多いが粗利益の少ない商品とは、基本的には安いから売れているだけの商品であり、反対に粗利益の多い商品とは、顧客がその商品やサービスに原価以上の価値を見出していたり、競合と差別化されていたりする商品であり、こうした商品こそ組織が中長期的に育成していくべき商品です。

また、売上は多いが粗利益を稼がない社員とは、利益を削って安売りしている社員であり、反対に粗利益を稼いでいる社員とは、利益を確保しながら販売しているスキルの高い社員であり、本来、こうした社員こそ組織が中長期的に増やしていかなければいけない社員です。


重視する成果を粗利益に設定し、顧客別粗利益・商品別粗利益・担当者別粗利益が情報として把握できるようになれば、そのあとに行うことは、ヒト（労働者）・モノ・カネという組織が持つ限られた経営資源を、粗利益の少ない顧客や商品から粗利益の多い顧客や商品にシフトさせることと、部門や労働者の目標を粗利益を重視した内容に変更し、売上は多いが粗利益を稼がない部署や社員の評価を下げて粗利益を稼ぐ部署や社員を評価することだけです。

これだけでも組織の体制を変えることなく、同じ業務量、同じ売上高でも粗利益が増えることは十分にあり得ます。

〈３〉「体制づくり」を見直す

「数年後の粗利益の最大化」を実現するためには、労働者の労働を、粗利益を生む業務に集中させるために、粗利益を生まない業務を減らしていくことが必要です。

なぜなら、体制から発生する業務がヒトの労働を消費するのですが、粗利益を生む業務が労働によって処理されない限り、粗利益という成果は生まれないからです。

そのためには、現在の体制を見直し、粗利益を生まない業務を生み出している部門を縮小し、粗利益を生む業務を生み出す部門を拡大させていくこと、労働を消費してしまう手間のかかるルール、不要なルール、形だけのルールや手続きを見直したり、廃止したりすること、一時的にコストはかかっても、便利な道具を導入したり、ヒトの代わりに業務処理する設備を導入したり、業務を自動化できるソフトを導入したりするなどして、ヒトの労働が必要な業務を削減することに取り組みます。

特に最初にやるべきは、粗利益を生まない業務のうち、競争力の源泉になっている業務や法的にやらないといけない業務以外、すなわち「いらない業務」をやめてしまうことであり、これはどんなに厳しい状況に置かれている会社でも始められることです。

なぜこれを最初にやるべきかについてですが、いらない業務に一時間使っていたところを業務効率化して三〇分でできるようになったとしても、そもそもその業務をやることに意味がないので、六〇分の無駄が三〇分の無駄になった、つまり無駄が少し減っただけなのです。一方、その業務をやめてしまえばいらない業務に使っていた時間をゼロにできます。しかも、粗利益を生まない業務をやめたところで粗利益は減らないし、むしろ何かしらの費用を支払っていたなら、その費用がなくなります。

そして、いらない業務を担当していた労働者を、粗利益を生む業務にシフトさせれば、それによって粗利益が増えるので、一気に状況が改善することにもつながります。

ただし、体制の見直しにあたっては、見直し対象となる部門や労働者というういわゆる既得権益者の抵抗があります。しかし、粗利益を生まない部門、非効率な設備、無駄なルールを温存し、そうした体制を維持するための費用が発生し続けていたら組織の状態が良くなることはありません。

外部環境が変化したり、技術革新が起きたりした場合には、発生する業務が変化し、必要となる労働の中身が変化することになるので、既存の労働者は新しい業務を処理できるように労働の中身を変換（キャリアチェンジ、リスキリング）しなければなりません。もしそれを拒むのであれば、そうした労働者の雇用までを維持する必要はないでしょう。

〈4〉「評価と報酬と罰を使った労働意欲の刺激の仕方（人事制度の運用）」を見直す

「数年後の粗利益の最大化」を実現するためには、組織に必要な資質や技能を持った労働者を採用し、その労働者の能力が最大限発揮できるポストに配置し、そのヒトの能力を極限まで高め、全力で労働してもらい、離職せずに長く勤めてもらうことが必要になります。

こうした状況を実現するためには、報酬を用いた前向きな感情に基づく労働意欲から創出される労働力の量と質の向上を図る必要があるので、罰を用いた後ろ向きな感情に基づく労働意欲の創出は極力避けるべきです。なぜなら、本来、罰は目標を達成できなかったことを罪としてそれに対して用いられるのではなく、虚偽や不正を行ったことを罪としてそれに対して用いられるべきものだからです。

前向きな感情に基づく労働意欲を創出するためには、離職するほどではない世間並み以上の報酬があること、ある程度納得感のある評価と報酬と報酬の差とポストの提供が必要になります。このためには、評価の方法を見直し、経営者や管理者のいうことを聞く労働者を評価するのではなく、粗利益獲得への貢献度を評価の基盤にし、真面目に一生懸命働く正直者が得をするような人事制度にすることが必要です。

そして、組織が生み出す粗利益が増えた場合には、その一部は労働者の報酬として分配して、組織の粗利益と個人の報酬を連動させて、労働者の粗利益向上への意欲を引き出すことが必要になります。

〈5〉「カネの使い方（成果の分配）」を見直す

「数年後の粗利益の最大化」を実現するためには、労働が必要となる業務の削減と労働意欲の向上による労働力の量と質の増加が必要になります。そのためには、労働を必要とする業務の削減につながる生産性の高い道具や設備の導入と労働者の報酬の引き上げが必要になります。

そのためには、カネの使い方を見直し、目先・今期のコストアップは受容する必要がありますが、この点については経営者が「今期のコストアップが、数年後に粗利益というリターンを生み、分配の原資が増える！」と信じられるかどうかにかかっています。

〈6〉カネがない状況でカネを捻出するには

「数年後の粗利益の最大化」を実現するために業務処理能力の引き上げをめざして、カネの使い方を見直し、労働者の報酬を増やし、道具や設備を買おうとしても、そもそも会社にカネがないと実行に移すことができません。ただし、既に組織の状態が悪くなっている会社では、利益が少ないか赤字が続いているために、そもそも手元にカネがないのでなにもできないという状況に陥っている場合があります。

このような状況の会社が現状を打開するためには、カネをかけずにできることから始めて、少しずつでも使えるカネを捻出するしかありません。なぜなら、既存の人員と設備を前提にした場合、販売量の増加を通じた売上と利益の量的な拡大は困難だからです。

それではどうすればカネを捻出できるのかですが、限られた業務処理能力の中でカネを捻出するには、現状から少しでも利益率を上げる、少しでも無駄な支出を減らす、少しでも設備（モノ）とヒトの稼働率を上げる、少しでもカネの回転率を上げる、少しでもヒトの潜在能力を引き出して活用するという効率化、生産性向上の取り組みが必要になります。

そこで、最初に行うことは組織の中の〝おかしなこと〟を減らしていくことにつきます。

例えば、工場が暇そうなのに作業を外注しているとか、パソコンソフトでできる作業を外注するとか、販売価格が数百円の商品を宅配便で送るとか、閉鎖した事務所の電話回線代を払い続けているとか、社員に携帯電話を支給したことで固定電話回線をあまり使わなくなったのに回線数を減らしていないとか、赤字で仕事を受注するとか、地元の仕事を受注せずに遠方の仕事を受注するとか、顧客に言われるがまま値引きするとか、仕事をしたのに請求するのを忘れているとか、請求したけど未入金の債権があるのに放置されているとか、倉庫が整理されていないせいで在庫があるのに同じ材料を仕入れてしまうとか、あまり消費しない物品をまとめ買いすると「単価が安くなるから」と言って大量購入したものの数年後に劣化していて大量に廃棄するなど……、状態の良くない組織ではこうしたおかしなことが放置されていることがあるので、まずはこうしたことが発生していないか支出の内容や業務の内容や資産の内容をひととおり見直してみることをお勧めします。このような見直しをするだけで、入金が増える一方で会社から漏れ出していた無意味な支出が恒常的に減り、会社の中にカネがとどまるので、使えるお金が少し増えます。

また、事業との関連性のない有価証券や出資金や不動産といった資産を売却してカネに変えたり、不良債権や不良資産を適切に処理して納税によるカネの流出を減らしたりすることによっても使えるお金が少し増えます。

また、大物一本釣りを狙う営業から小口多数を狙う営業に受注する仕事を見直す余地がないか検討することも有効です。なぜなら、受注競争が激しくて利益率が低く回収までの時間が長い大口の仕事よりも、競争が少なくて利益率が高く回収までの時間が短い小口の仕事をたくさん処理する方が、お金の流れ（回転）が速くなるので運転資金が少なくてすみ、粗利益も増えるので、金融機関から資金調達をしなくても手元資金に余裕が出るからです。

こうした取り組みをすることで、最初はあまり効果が見えないかもしれませんが、次第に使えるお金が増えていきます。そして、少しずつでも捻出したカネを労働者の報酬や道具と設備の購入など、労働環境を良くすることに使えば、労働環境が理由の離職を減らすことができます。

〈7〉結果としての労働環境と経営体質の改善

こうして、企業経営に対する考え方を変えて、行動を変えて、それによって組織の経営習慣を変えることができれば、不必要な業務が減り、ヒトの労働による処理が必要な業務が減り、報酬の改善を通じたヒトの労働意欲の高まりに伴って労働力の供給が増え、不必要な支出が減り、同じ支出で効率的に粗利益を生み出せるようになり、次第に「実際の収益力が潜在的な収益力に近づく（顕在化する）」ことになります。

それにより粗利益が増えたなら、増えた粗利益を使って再び作業環境を良くする道具や設備への支出を増やし、報酬を引き上げることで労働者の労働環境を改善します。これによって目先の人件費や経費が増えることになりますが、目指しているのは「数年後の粗利益の最大化」であり、また、増加した粗利益の範囲内で労働環境を改善するのであれば、経営者と株主の取り分も増えているので問題はありません。反対に粗利益が増えた分だけ経営者の報酬や株主への配当が増えてしまうと、組織の状態が改善されることはないでしょう。

結果として、労働者が十分に生活できて同業他社の平均以上の報酬があれば、やる気ＭＡＸというわけにはいかないでしょうが、報酬に対する納得感は出てくるので、離職するほどではなくなります。そして、ヒトが辞めるほどではなく、ある程度納得感があり、前向きに仕事ができるくらいの労働環境になり、生産性向上につながる道具と設備にカネを使えば、業務発生量が減る一方で、業務処理能力が上がり、さらに状況が改善していくことになります。

このサイクルが回り始めれば、さらに離職の減少、勤続年数の長期化に伴う生産性の向上、粗利益の増加、販管費および一般管理費の減少、業務の減少、労働時間の削減、従業員の労働意欲の向上、経営者の報酬と株主への配当の増大へとつながっていきます。

最終的に世間並み以上で競争力のある給与と年収、許容範囲内の労働時間、ある程度納得感のある評価が実現されれば、虚偽や不正に手を出さなくても粗利益が確保され、離職が少なく、スキルが高く労働意欲も高い従業員が多い、良質な人材によって構成された経営体質の良い組織の実現に向かっていくことになります。

〈8〉中長期的には継続的な経営習慣の見直しが必要です

最後に、もう一つ大事な習慣について触れておく必要があります。

経営習慣の改善によって、一時的には状況が改善するかもしれませんが、そこでまた現状維持になってしまうのは良くありません。

なぜなら、ふたたび外部環境が変わって不要になる部門ができたり、技術革新が起きて新たな道具や設備やソフトウェアが登場し、業務の内容が変わり、業務処理に必要となるヒトの労働の中身が変わってしまったり、組織内で何か問題が起きたり、法律が変わったりしていつの間にかルール・決まり事・手続きが増えていったりすることがあるからです。

業務は膨張しやすく、現状維持の方が楽であり、不要になった業務を自動的に減らす仕組みはないので、意識しなければ粗利益を生まない体制や業務がいつの間にか増えていき、経営体質が再び悪化してしまいます。

松尾芭蕉が残した言葉に『不易流行』というものがありますが、これは「いつまでも変化しない本質的なものを忘れない中にも、新しく変化を重ねているものをも取り入れていくこと」という意味だそうです。時代が変わったのに古くからのやり方に固執していると、組織は衰退してしまうし、変えてはいけない部分を変えてしまうと、あっという間に組織は滅びてしまいます。

中長期的に健全な経営体質を維持する上では「数年後の粗利益の最大化」という中間目標はたとえ時代が変わっても本質的に変わることはありませんが、それを実現する方法は刻々と変わっていくことでしょう。

ですから、時代の変化に組織を合わせ続けるための継続的な経営習慣の見直しが何よりも大切なのです。

〈9〉 最後に

事業の収益性が悪化し、粗利益が少ないから従業員を雇いたいけど雇えない、離職を減らすために処遇を改善したいけどそれができない、設備を買いたいけどそれができない……。

こうした状況を打開しようと、一発逆転を狙って新規事業を立ち上げたり、売上や付加価値を向上させるために製品の差別化を計ったり、コスト削減のために生産の海外移転やリストラとアウトソーシングに取り組んだりということが頭をよぎりますが、どれも状態が良くない会社が簡単に取り組めることではなさそうです。

一方で、こうしたことに取り組み、幸運にも効果があり、状況が改善できたとしてもその状況はいつまでも持続できるのでしょうか？　私には経営習慣が良くない会社が何かに取り組んだことによって一時的に収益性が改善することがあったとしても、それは長くは続かずにまた同じ状況に戻ってしまうように思います。なぜなら、そもそも経営習慣が良くない会社であれば、従業員の出入りは多く、やる気はなく、設備は古く、カネを無駄に使ってしまうので、良い商品やサービスを持続的に提供することができずにまた元の状態に戻ってしまうと思うからです。

現在の日本は既に成熟社会となり、総人口も労働人口も減ってきているせいか、未来は明るいというような話題を耳にする機会があまりないように思います。

でも、バブル崩壊、金融危機、リーマンショック、東日本大震災、新型コロナウイルス禍といった激動の時代を生き抜き、なお今日まで生き残っている企業の中には、結果として圧倒的な技術力や、商品やサービスの差別化がなされているわけではないけれど、営業地域には競合が少なくなっているとか、業界内での競争環境が以前ほど激しくなくなっているという企業が実は多いのでないでしょうか？

そうした企業が収益性を改善しようとするのであれば、大改革に取り組む前に、やろうと思えばすぐに始められる経営習慣の改善に取り組み、現在の事業の収益性を最大限に引き上げることをまずは考えてみるべきではないでしょうか？

この本が皆さんの所属する組織の経営習慣改善を通じた業績向上につながることを願っています。

第４章

補論

ここまで、経営習慣を改善することで経営体質を改善し、業績向上を目指すという話をしてきましたが、この話の前提としている考えや実践にあたっての補足説明が必要だと思いましたのでこの章で補論として取り上げます。

1

経営者による従業員のとらえ方の違い

私自身の数社での勤務経験や、講演やマスメディアを通じて企業経営者の話を聞いたり読んだりしてきた感想として、経営者が従業員をどのような存在としてとらえているのかについて、どうも根本的なところでいくつかの違いがあるのだろうな、と私は考えています。

その違いとは、従業員を「奴隷のようなもの」ととらえているのか、「傭兵のようなもの」ととらえているのか、「家臣領民のようなもの」ととらえているのかという違いです。

そして、この違いは経営者がリーダーシップを発揮する手段としての人事制度の運用を決める際に、従業員を「罰」で動かそうとするか、「カネ」で動かそうとするか、

「御恩（安定した生活基盤の提供）」で動かそうとするかという違いに表れてくると考えています。

　従業員を「奴隷のようなもの」としてとらえている場合は、経営者は従業員を搾取の対象として扱い、報酬はできる限り低くして、労働環境の整備にもカネを使いません。経営者は従業員を信頼しておらず、サボったり不正を働いたりしないように徹底的に監視・管理します。

　従業員を「傭兵のようなもの」としてとらえている場合は、経営者は従業員をプロとして扱い、報酬（カネ）は市場価格を支払い、優秀なプロが集まる労働環境を提供します。また、経営者は従業員をビジネスパートナーとしては信頼していますが、期待した成果を上げられない場合には契約を終了します。一方で従業員もより高い報酬を払う組織があれば、そちらに転職してしまいます。労働力の提供と報酬の支払いというビジネス上のドライな関係です。

　従業員を「家臣領民のようなもの」としてとらえている場合は、経営者は従業員を共同体の一員として扱い、従業員を家族のように信頼し、長期継続雇用を前提にできる限り雇用を守り、仕事を通じて報酬という生活基盤を与えますが、この報酬は必ずしも担当業務の市場価格と一致しているわけではありません。一方で、経営者は従業員に自身や組織に対して報酬とは関係なく組織への貢献や奉公や忠誠を求めます。ただし、経営者が誤った指示を与えると、従業員は間違った方向に走り、違法なことすら行います。

この三つのとらえ方のどれか一つを選んでいるというわけではなく、三つのうちどれに重点を置いているのかに経営者ごとの違いがあるように私は感じています。

ちなみにこの本では、上記の三つのうち、従業員を家臣領民のようなものとしてとらえる考え方に立っています。

それは、従業員を採用し、やめるほどは悪くない報酬と労働環境を提供し、その組織で長く務めて熟練し、やる気をもって業務処理にあたることによって、経営者と従業員の長期的な共存共栄が実現できるということを前提にしているからです。

ですから、人件費をできるだけ安く抑えたいと考える方や、労働者をプロとして扱いたいと考えている方にとっては、かなり違和感があったのではないかと思います。

2

経営者による組織のとらえ方の違い

前項同様、今までの経験を通して、経営者が自社の経営にあたって見ている対象が何かという点でも二つの違いがあると、私は考えています。

その違いとは、経営者が組織の経営にあたって、実体を見ているのか、実体をつかむための経営指標を見ているのかという違いです。

そして、この違いは経営者が経営課題の解決にあたって、本質的な対応をとるのか、小手先の対応をとるのかという違いに表れてくると考えています。

組織というものはその実体を客観的に把握することはなかなかできません。組織の中では毎日従業員が業務を処理して商品やサービスを生産・販売しているわけですが、実際のところ組織は現在順調なのか、そうではないのか、儲かっているのか、儲かっていないのか……ということは日々の活動を見ているだけでは定量的に把握することができないからです。

こうしたことを定量的に把握する方法の一つとして、会計というものが生まれて、組織が持つ資産や負債、過去からの利益の蓄積、今期の事業活動に使った費用と得た収益などを貨幣価値に置き換えて表現することによって、組織の事業活動の実体の一部を貨幣金額によって定量的に把握できるようにしているわけです。

そして、こうした会計数値をもとに様々な経営指標を算出し、それを過去と現在、自社と他社を比較することなどで、今現在の自分の会社が順調なのかどうかを客観的に把握することができるようになります。

ただし、この結果として経営指標が良いことが良い経営をしているという評価につながるようになったため、経営者によっては実体をつかむための経営指標が自分の経営の目的になったり、対外的な約束になったりしてしまう場合があります。例えば、「わが社では今期売上●●兆円、経常利益●●億円、時価総額●●兆円、……これらの達成をお約束します。そのために今期こんなことをします」などといった形で。

このように企業経営にあたって経営指標を重視している経営者、この中でも経営指標が良いことが良い経営だと信じている経営者は、てっとり早く経営指標をよくするために実体に悪影響を与えるような経営判断をしてしまう場合があります。

例えば、売上を増やすために従業員に過大なノルマを強いたり、利益を増やすために人件費を削るなどして従業員のやる気の低下や離職が発生したり、必要な経費をカットすることで生産性が下がったり、時価総額を増やすためにあまり本業と関係なさそうな他社を買収したり、株価が上がりそうな自社株買いや場合によっては偽の情報を流すことなどです。なぜこうなってしまうかというと、実体をよくするには時間と手間がかかり、忍耐もいるので、すぐに結果を出したい気の短い経営者は待っていられないからです。

一方で、企業経営にあたって実体を見ている経営者であれば、時間と手間のかかる本質的な取り組みを選びます。

ちなみにこの本では、上記の二つのうち、実体を見る立場に立っています。

それは、実体の良い組織は経営指標が結果としてよくなるということを前提にしているからです。

3
「考え方」を変えるにはどうするか？

先に、経営習慣を改善するためには経営者が考え方を変えることが必要だと述べましたが、現実問題として人が自分の持っている考え方・先入観を変えるのは非常に難しいことです。なぜなら、その人のその時点で持っている考え方・先入観は、その人がそれまでに蓄積した知識と経験に基づいて形成されていて、それまではその考え方でうまくいってきたからです。それにもかかわらず考え方を変えるということは言ってみればそれまでの自分の考え方を否定するようなことになるので、普通の人なら素直には受け入れられません。

そのため、考え方を変えるためには、その人がその時点で持っていない新しい知識や経験が必要になります。なぜなら、新しい知識や経験によって「こういう考え方があるんだ！」という今までの自分の考え方とは異なるものの見方ができるようになるからです。

それでは新しい知識や経験はどのようにすれば得られるのかというと、それは課題解決につながりそうな本を読む、課題解決に関連していそうなテーマのセミナーに参加する、それまで交流したことのなかった人と交流するといったことが挙げられます。

本やセミナーを通じて新しい知識に出会ったり、異なる考え方の人と接したりすることで目から鱗の経験をすることができれば、価値観やものの見方が変わり、考え方を変えることにつながります。

また、大学院で経営学について学ぶということもあります。経営学を学ぶ意味は、経営における定石を学べることだと思います。特に、「これはやってはいけない」ということを学ぶことができるので、何度も何度も失敗経験を繰り返して経験から学ぶよりも、損害が少なく、早くて効率が良いということは断言できます。

4

側近選びの重要性について

　経営者が考え方を変える上では、自分とは異なる考え方やものの見方をする側近を登用するという方法もあります。一人の人間の能力には限界があるので、自分の知らないことを知っていたり、異なる視点から別の考え方を提示したりする存在として、自分の判断を補う側近の存在は有用でしょう。

　経営者が側近を選ぶにあたっては、経営者の指示に盲目的に従うイエスマンや、経営者のご機嫌を取る太鼓持ちではなく、経営者が判断に迷ったときに自分の意思決定を支えて、組織にとって最善の意思決定ができるような力量のある人物を側近に登用する必要があります。

　ここで、歴史上、時代を問わず、洋の東西を問わず、リーダーが側近にどのような人物を置くのかが非常に重要であるということを指摘している例を二つ紹介します。

「側近に誰を選ぶかは、君主にとって軽々しく考えてよいことでは全くない。君主が思慮深いかそうでないかによって、優れた人材が登用されることになったり、無能な側近に囲まれることになったりするからである。したがって、側近にどのような人を選ぶかは、君主としての能力を計る恰好な材料になる。……（中略）……側近の選択の良否は、人の上に立つ者にとって重要この上もないことになるのである。」

（マキャベリ）

「陛下（劉禅：三国志の蜀の国の劉備玄徳の子）におかれましては、……人の言をよくお聞きになり、……臣下が真心からお諫めする手段を閉ざしてしまってはよろしくありません。……（中略）……賢臣を信任し、小人物を遠ざけたことこそ、前漢の国運が興隆した原因であり、小人物を挙用し、賢士を遠ざけたことこそ、後漢の国勢が傾覆した原因であります。」（諸葛亮孔明）

企業という組織においても、経営者の側近となる人物がどのような資質を持っているのかはとても重要です。なぜなら、経営者と側近が経営陣として、組織づくりをしていくことになるからです。

経営陣が作る体制や社内の制度、そして日々の意思決定と指示命令によって、その組織で発生する業務が決まります。また、経営陣の考え方によって労働者の扱い方も決まってきます。

経営者が側近にどのような人物を登用するかは、直接的にも間接的にも組織に様々な影響を与えることになります。ですから、経営者の方には自分の意見に反対しない者を集めるのではなく、ぜひ経営者に意見を述べてくれたり、経営者の弱い部分を補ってくれたりする側近を選んでいただきたい。

5

有能な側近を見分けるには？

側近の重要性について述べたので、次に経営者が側近の選抜にあたって、本物と偽物を見分けるにはどうすればよいかということについて触れておきます。

もしあなたが経営者で、現在の自分の側近が実力のある有能な人物かそうでないかを見分けたいと思ったなら、簡単な方法があります。それは、あなたが指示したことに対して、その側近が何か提案を持ってきたとき、

「なぜこうなのか？」

「その根拠は？」

と、なぜ？　なぜ？　を繰り返し質問し、提案の根拠を説明させるように仕向けるだけです。

かなり細かな部分までその人物が自分の言葉で説明できたならば、その人は間違いなく本物です。反対に、かなり早い段階で「その内容については●●に説明させます」と別人がでてきたら、その人物は偽物であり、側近にすべき本物はその内容の説明に来た人物ということになります。

6 側近からの情報が信頼できるものかどうかを確認するには

側近についてもう一つ述べておきます。側近から報告される情報に悪い情報がない場合、その理由は二つ考えられます。

一つは、本当に悪いことが起きていないから報告されていない、もう一つは、本当は悪いことが発生しているのだけれど、隠されているので報告されていない、という理由です。

どちらも経営者からは何も起きていないように見えますが、実際の状況は全く異なります。後者の場合はいずれリスク事象が顕在化することになります。なので、側近から報告される情報に悪い情報がない場合には、本当に悪い情報がないのかを確認する必要があります。

ではどのように確認すればよいのかというと、報告された情報について、自分の足で現場を歩いて情報の裏を取ることだけです。例えば、夜遅くや休日に実際に事務所や工場や現場に行ってみる、普段から従業員の近くに席を置いて仕事をする、工場や現場で実際の商品や製品の製造過程や、完成品や在庫の状況や現場の整理整頓の状況を見に行くのです。

もし、本当に会社の状態が良いのであれば、会社の中を歩き回ったときに不安を感じるような光景を目にすることはないはずです。反対に、従業員の時間外労働の状況やヒヤリハットの状況、顧客トラブルの状況、不良品の状況などは、工場や現場を見に行けば見えてきます。なぜなら、もし時間外労働が発生していないのであれば、夜遅くや休日に事務所を見に行っても仕事をしている人がいるはずがありませんし、労災事故が発生していないのであれば工場や現場はきれいに整頓され、安全通路が確保され、従業員は安全装備を適切に使用し、不安全な行動が目に入ることはないはずですし、会議資料で不良品がないと報告されているのであれば工場には不良品がどこにもないはずですし、会議資料で在庫が少ないのであれば、工場の倉庫の商品在庫も少ないはずです。

7 労働力の質

先に、組織が労働者の労働意欲を高めるために、報酬を用いて肯定的な感情にもとづく労働意欲を高めるか、罰を使って否定的な感情に基づく労働意欲を高めると述べましたが、このことは、組織が人事制度を構築するさいに、労働者のどのような感情に働きかけて労働意欲を引き出そうとするのかによって、労働者の労働意欲の多くが肯定的な感情から生み出される労働意欲によって占められるのか、否定的な感情から生み出される労働意欲によって占められるのか、その労働意欲の構成内容が変わることにつながります。

ただし、肯定的な感情に基づく労働意欲によって引き出された労働力と否定的な感情に基づく労働意欲によって引き出された労働力では「労働力の質」が変わってしまいます。

「労働力の質」とは、労働者の一時間の労働の品質のことだと考えてください。

「労働力の質が良い」とは、労働者の集中力が高く主体的に労働に取り組み、仕事の精度が高く、一時間当たりに処理できる業務が多く、ミスも少なく、その労働によって処理された業務から生み出される成果の品質が良いような労働をイメージしてください。

反対に「労働力の質が悪い」とは、労働者がいやいや労働に取り組み、仕事はいい加減で、一時間あたりに処理できる業務が少なく、ミスも多く、その労働によって処理された業務から生み出される成果の品質が悪いような労働をイメージしてください。

すなわち、同じ一時間の労働でも、労働力の質の違いによって処理される業務量が変わりますし、処理された業務から生み出される成果の質も変わってしまうのです。

「労働力の質」は、もともと労働者が持っている資質（能力的に高い、真面目で責任感が強い）や性格・ＥＱ、担当する業務に対する労働者の適性、労働者が教育と学習を通じて得た知識と技能、担当する業務を長く続けることで得た経験や熟練度によっても決まりますが、かなりな部分は労働者の「労働意欲の構成内容」によって変わるものだと私は考えています。

肯定的な感情に基づく労働意欲とは、「仕事をやりたい」という前向きで主体的な労働意欲のことで、労働意欲の多くが肯定的な感情によって占められていれば労働力の質は良くなります。

否定的な感情に基づく労働意欲とは、「不満はあるがしぶしぶ働いている」「いやいやだけど仕事をやらないとヤバい」という後ろ向きで受け身な労働意欲のことで、労働意欲の多くが否定的な感情によって占められていれば労働力の質は悪くなります。

労働者の労働意欲が肯定的な感情に基づくものか、否定的な感情に基づくものかは、労働意欲の源泉となっている感情の違いによります。

労働意欲の源泉となっている感情とは、労働者が「働こう」とか「働かないとヤバい」という意欲のもとになっている感情のことです。

肯定的な感情に基づく労働意欲は、仕事が楽しいとか快適な職場環境で仕事ができているとか、賃金が満足できるとか納得できる水準だとか、自分の仕事が適切に評価されているとか、自分の仕事にふさわしい地位を与えられているなど、「喜び」や「楽しさ」や「希望」から生み出されていて、労働者が主体的に「働いている」状態にあります。

否定的な感情に基づく労働意欲は、賃金は不満だけど仕方なく働いている、収入を下げられたくないとか、評価を下げられたくないとか、地位を失いたくないなど、「不安」や「恐怖」や「絶望」から生み出されていて、労働者が受動的に「働かされている」状態にあります。

おそらく多くの労働者は肯定・否定両方の感情が混ざり合った労働意欲の中で日々働いているのだと思いますが、組織体質を良くすることを望むのであれば、肯定的な感情に基づく労働意欲の創出を目指すべきだと私は考えています。

8

労働意欲は報酬と罰だけでは上がらない

先に、労働意欲の向上には報酬と罰を使うと述べましたが、実際には、報酬を支払い、罰を与えれば労働者が期待通り働くとは限りません。

なぜなら、労働意欲は労働者の収入を得たいという気持ちだけから生じているわけではないからです。

確かに、収入を得て自分がやりたいことを実現したい、家族を幸せにしたい、安定した生活を送りたい、貧乏から抜け出したいという気持ちが労働者にあるのは間違いありませんが、そのほかにも、仕事に対する責任感や義務感、仕事で認められたいという欲求、同僚に負けたくないという競争心、組織に対する忠誠心、仕事に対する探求心、担当する仕事を極めたいという気持ち、誰もできない仕事をしたり名や業績を残したりしたいという名誉欲、得意なことを活かしたい、かっこいい仕事をしたい、恥ずかしい仕事をしたくないという気持ち、仕事そのもののやりがいや喜びといった様々な感情や気持ちや欲求が混然一体となって湧き出すものが労働意欲です。

ですから、労働意欲を高めるにあたっては報酬や罰以外に働きかけられるものがないかを見落とさないようにしてください。

9

減点主義による評価の弊害について

ヒト（従業員）の評価にあたっては、プラスの成果があることが評価される「加点主義（加点評価）」とミスや失敗などがあれば減点し、マイナスのなかったことが評価される「減点主義（減点評価）」があります。多くの組織では加点評価と減点評価が混在していますが、組織によって加点評価に重きが置かれている組織と、減点評価に重きが置かれている組織があります。これは評価にあたって経営者がどちらを重視しているかによって変わるからです。

ただし、私はこのうち「減点主義」による評価に重きを置くことが「ヒトの質的な劣化」に強くつながっているのではないかと考えています。

私は過去に歴史と伝統のあるお堅い会社で働いていたことがあるのですが、そのと

きの上司から飲み会の席で、

「うちの会社では×（バッテン）の評価が二回ついたらそいつは出世できないんだ。だからお前も気をつけろよ」

なんて話を聞かされたことがあります。その話がウソかホントかはわかりませんが、従業員の間でそんな話がまことしやかに信じられているのであれば、それはホントのこととして従業員の思考や行動に影響を与えます。

できて当然、できなかったら減点を意味する×の評価がついてしまうとそのヒトはその組織では出世できない、出世が遅れる、となるとほとんどのヒトはミスや失敗につながりそうな難しい仕事は避けるようになりますし、ミスや失敗をすればそれを隠蔽しようとしたり、他人の責任にしようとしたりします。また、上司に逆らうと×がつくのであれば、上司が間違ったことや不正を指示しても逆らえなくなります。


さて、会社員生活を何十年も続ける中で、一つも×がなかった人物とはどのような人物でしょうか？　おそらくは、本当にすべての仕事で失敗をしてこなかった人物か、失敗しそうな困難な仕事を避けてきたか、過去の失敗を隠蔽したか、失敗の責任を部下や他人に押し付けてきた人物のいずれかということになるでしょう。

本当にすべての仕事で失敗をしてこなかった人物であれば、間違いなく実力者であり、経営者が側近や後継者にすべき人物であることは疑いようがありませんが、困難な仕事を避けてきた人物や失敗を隠蔽していたり、失敗の責任を部下や他人に押し付けてきたりした人物であれば、中長期的に組織の体質が悪化していくことは避けられないでしょう。

本来、ミスや失敗をしても、適切な対応をとって損害を最小限に限定するような判断や行動は評価されるべきものです。

戦国時代の戦闘において最も難しいのは負け戦の退却戦だと言われていて、特に本隊やほかの部隊が退避するまで敵の追撃を食い止めなければならない殿《しんがり》は最も危険な任務で、武芸と武勇に優れた者でなければ務められるものではなかったそうです。なので、ミスや失敗をしたことだけを見て減点評価して×をつけるのではなく、ミスや失敗にどのような対応をとってきたのかまで評価するようにすべきだと私は考えます。

それと、側近や後継者を検討するにあたっては、ミスや失敗をしたことがない人物については、その実績を確認することが必要でしょう。

10

評価に対する不満は解消しない

従業員の働きとその成果を何かしらの基準をもとに評価して、評価の結果によって報酬が与えられたり、ポストが与えられたり、罰を受けたりすることになるので、従業員は自分の仕事の評価を強く意識します。このため、どのような評価を受けるのかが従業員の労働意欲に与える影響は非常に大きくなります。

それだけに評価の付け方・決め方は重要であり、従業員の不満を解消しようと様々な組織で従業員が納得する評価方法を模索しています。

例えば、評価項目を明確にしたり、評価尺度を定量化して達成度の判断に評価者の主観が入らないようにしたり、評価者によって評価に違いが生じないように同じ成果をあげたら同じ評価になるように評価者訓練をしたりと。しかし、すべての従業員が納得し満足できるような評価方法が実現することはまずないでしょう。

その理由は、なぜかわからないのですが従業員はみんな「自分はほかの従業員より重要な仕事をしていて、自分の仕事は大変で、自分は成果を上げて会社に貢献しているのに、会社や上司は自分の仕事をちゃんと評価してくれていない」と考えている人が多く、自己評価が高い従業員が多い結果として、評価者が非常に客観的で公正な評価をしたとしても、ほとんどの人は自己評価より低い評価を受けることになるからです。

仮に、人手を介さずに仕事の成果をシステムが自動で評価し、非常に客観的な評価をすることができるようになったとしても、評価結果を見て納得する従業員は少ないだろうし、おそらく「システムの設定が間違っている！」と思うに違いありません。

また仮に、全員が最高の評価を受けたとしたら、「なんであいつが俺と同じ評価なんだ！」という不満が出てくるに違いありません。

だから、評価に対する不満はなくなることはないでしょう。

従業員の評価にあたって重要なことは、一つめは、全員を納得させることではなく組織にとって特に重要な人材が適切に評価されていること、もうひとつは、評価の納得性ではなく評価プロセスの納得性を高めること、の二点だと私は考えています。

会社に貢献している従業員、リスクの高い仕事をしている従業員、難易度の高い仕事をしている従業員、こうした会社の中核的な仕事をしている従業員が適切に評価されなければ、その組織の体質は悪化していくことになるでしょう。

また、そもそも従業員全員が満足するような評価が付くことはないので、評価にあたっては「この人がつけた評価ならしょうがない」と思えるような力量と人望のある人が評価者になっているとか、普段から自分の仕事ぶりを見ている人が評価者になっているとか、評価者によって評価が甘すぎたり厳しすぎたりしないような仕組みを入れておくなど、評価が決定するまでのプロセスを従業員から見てできるだけ公正で納得感のあるものにすることが重要なのです。

11 無駄が全くないことが必ずしも良いわけではない

プロローグの中で「普段から、無駄なことをせず、余分な人を雇わず、組織を効率的に運営し、会社の収益力を高めておき、長期的に健全な企業体質を維持する……」というお話をしました。しかし、だからと言って忙しそうに働いていないヒト（従業員）は全員無駄なヒトだからいないほうがいいということは決して言っていないので、そこは誤解しないでいただきたい。

生産性や効率という面からみれば、短期的にはみんなが休みなく仕事をしているということが望ましいのですが、中長期的な最適を目指すのであれば、一定程度の余裕というか無駄や遊びが組織には必要だと私は考えています。なぜなら、実際の業務には必ず繁閑のムラがあるからです。

閑散期でも一〇〇%の稼働を目指してしまうと、繁忙期には長時間労働が発生したり、従業員にムリが発生し事故につながったり、一方で仕事が処理できないのでせっかくの仕事を断らざるを得なくなり機会損失が発生したりすることになります。

自分たちの組織では管理できない市場の影響を受けて業務量が増減するわけなので、普段からギリギリの人員で組織を運営するとすぐに人員不足が発生してしまいます。そのため、組織としては、中長期的に人員の過不足を調整する仕組みがないといけません。この人員の過不足をどう調整するのかですが、参考になる話があります。


アリの世界には一定の割合で働かないアリがいるそうです。なぜ働かないアリがいるのかということですが、それは長期的な共同体の維持・存続のためだそうです。

例えばアリの巣では、卵をなめるアリがいて、このアリがいなくなると卵がダメになり次の世代が生まれないので非常に重要な役割なのですが、仮にこの役割のアリが何かの原因で働けなくなったりすると、今まで働いていなかったアリがその役割を代替して働くようになるのだそうです。つまり、アリの世界では、長期的に共同体を維持・存続させるために、組織が受容できる範囲内で一見無駄な個体を保有することで、短期的な効率化を犠牲にしてでも長期的に最大の効率化を図っているのだそうです。

組織がコントロールできないところで業務の繁閑が発生したり、社員の離職による処理能力の低下が発生したりすることが不可避である以上、組織においても、いざというときに頼りになる能力をもった人員を保有していることが望ましいということは伝えておきたいと思います。

12

どの株主の「株主価値の最大化」を目指すべきか？

「株主価値の最大化」を目指した経営というものがありますが、そもそもひと口に株主といっても決して一様ではありません。株主には創業者もいれば、投資を事業とする機関投資家もいれば、投資で生計を立てているプロの個人投資家もいれば、ビジネスパーソンや家庭の主婦や学生といった一般の個人投資家もいます。また、株を保有する目的も株の売買益を目的とする株主もいれば、配当や株主優待を目的とする株主もいれば、資本関係を結ぶことや支配・所有することを目的とした株主もいます。株の保有期間も短期保有が前提の株主もいれば、長期保有が前提の株主もいます。

こうしたいろいろな株主がいる中で、経営者が「株主価値の最大化」を目指した経営をするにあたっても、短期売買の株主を重視するのか、長期保有の株主を重視するのか、創業者や創業家の株主を重視するのか、個人投資家を重視するのか、機関投資家を重視するのか、どの株主の「株主価値の最大化」を経営者が目指すのかで、経営者が取り組む経営内容は全く異なるものになります。

ちなみに目先の株式時価総額（いわゆる「企業価値」）を最大化させることが「株主価値の最大化」であるととらえて短期的に株価を引き上げることを目指す経営には問題があると私は考えています。

なぜなら、短期的に株価を引き上げることを目指した経営で利益を得るのは、株価が上がれば自分の持ち株を売却してカネを手にする〝将来の元株主〟だからです。すなわち、株主の使用人としての経営者が、社員をリストラしたり、自社株を購入したりして短期的に株価を引き上げて時価総額を最大化しようとする行為は、いずれ自社の株主でなくなる今の株主のために尽くしているということになってしまいます。

株価が上がれば株主ではなくなる今の株主のために、経営者が頑張って株価を引き上げようとするのは何のためでしょうか？　おそらくそれは、創業者である経営者が自分の持ち分を高値で売却することを目指している場合か、少ない発行株式数で多額の資金を資本市場から調達することを目指している場合か、売却目的の機関投資家が大株主であるために短期的な株価の上昇を実現できなければ経営者が解任されてしまうような場合か、「株式時価総額が大きい会社がいい会社だ」「株式時価総額を高くした経営者が優秀な経営者だ」という時代の空気を経営者が特に何の疑問も持たずに信じている場合などが考えられます。こうして短期的な株価の上昇を目指す限り、経営者はなかなか長期的視点に立った経営判断を行うことはできません。

ちなみに株式時価総額（いわゆる「企業価値」）は単に「株価×発行済み株式数」であり、株価が上がれば株式時価総額も上がることになります。そして、株価は株式市場の需給で決まるので売り手よりも買い手が多くなれば株価は上がることになります。売り手が少なく買い手が多くなるのは、株式市場で株を売買する投資家がその企業の株価が今後上がるだろうという期待が形成されるからであり、その期待が形成されるのは、企業が発表する業績や今後の業績予想が良いなど「今後一株当たりの利益が増えるので株価も上がるだろう」というような共通認識が形成されている場合です。しかし、好業績の理由が、虚偽や不正やリストラや変なコストダウンの結果であった場合、その企業の価値は本当に高くなっているのかというと、そんなはずはありません。ですから､単純に「株価×発行済み株式数」が企業の真実の価値（真の企業価値）なのかといえば、決してそんなことはないと私は考えています。

本来、企業の経営者が重視すべき株主は、ずっと自社の所有者でいてくれる中長期保有が目的の株主であるべきです。なぜなら、企業と株主の長期的で安定した関係が構築できれば、経営者も「短期間で株価を引き上げるにはどうするか?」という短期的視点の経営判断ではなく、「長期的に分配の原資を増やすために今何をするべきか?」という長期的視点に立った経営判断ができるようになるからです。

そして、中長期保有の株主にとっての株主価値の最大化を目指すためには株主への利益還元の方法も、長く自社の株式を保有してくれる株主に最も恩恵があるように、株主が「売らずに持ち続けたい」と思える程度の配当金を毎年の利益から分配するのが望ましいと私は考えています。またこうすることで、経営者が粗利益の最大化を目指せば、分配の仕方によっては従業員の報酬増と株主の配当増を同時に実現することも可能になるので、両者の利害を一致させることもできます。

ただし、中長期保有の株主が株主で居続けてくれる水準の利益の還元には、高い収益性を維持することが必要になるので、決して簡単なことではないでしょう。

この点は、単なる株式の相互持ち合いや経営に口を出さない安定株主とは異なるものになります。

13

予想外のことが起きることを予想しておく

世の中が永く平和・平穏で何事もなければ、先の見通しが立つので企業の経営はしやすいでしょう。しかし、時々予想外の自然災害や事故や法改正や社会的な問題などが発生したことで、日常はなくなり非常事態となり、ヒト（従業員）や設備や顧客やビジネスパートナーを失ったり、復旧・復興のための支払いが増えたりすることが起こります。

仮に、発生することを想定してしまうとその備えに莫大なコストがかかるから、そもそもそんな不都合なことは発生しないということにして「発生しないのだから発生したときの準備などする必要はない」などという非科学的な希望的観測をもとにした経営判断をしたとしても、過去に何回も発生しているという事実や痕跡が調査や分析を通じて科学的に確認され、今後も発生することが予見される場合には、見て見ぬふりをしていた都合の悪い事象はいずれ必ず発生してしまい、その結果、何の準備もない中で、目の前で発生した不都合な現実への対応に場当たり的に迫られることになります。

突発的な問題の発生は避けられませんが、普段から組織が体力をつけていれば、非常事態に対応できるまで耐えられますし、競合他社よりも少しでも長く耐えられればその間に競争相手が減るので、残存者となった自社への仕事が増えることになります。

ですから想定できることはあらかじめ想定しつつ、想定外のことが起きたとしてもある程度耐えられるように普段から強い経営体質を維持しておくことがとても大切だと私は考えています。

エピローグ

この本を最後まで読んでいただきありがとうございました。

この本は、企業の収益性を向上させるためには、新たに高収益の新規事業を立ち上げるでもなく、新商品を開発するでもなく、マーケティングのように売り方を変えたりプロモーションを変えたり顧客のニーズに合致した商品を提供することで同じ商品やサービスを高い価格で販売するでもなく、工場の生産ラインだけを効率化して原価を下げるのでもなく、同じ商品を人件費の安い海外で生産することで原価を下げるのでもなく、不採算部門を切り捨てることで固定費を下げるのでもなく、今の事業はそのままに、ヒト（従業員）の主体的で前向きな労働意欲を高めて労働力を引き出して、その労働力をカネになる業務の処理に無駄なく投入するという方法もあるのではないか？　ということを提示するものです。

なぜそのような考え方に至ったのかというと、私はもともと経営学を学び始めた頃から、

「同じ業界なのに高収益な企業とそうではない企業が存在しているのはなぜだろう？」

という疑問を持っていました。会社によってずいぶん収益性が変わるものだな」

「同じことをしているのに、会社によってずいぶん収益性が変わるものだな」

成熟度、事業の置かれた競争環境によってある程度決まってくるけれど、同じ事業をしていても個々の企業でかなりの差が出ているのはなぜだろうか？

　この差がどこから出てくるのかについてはいろいろな説明がなされていますが、その理由の一つが個々の企業の経営習慣の違いにあるのだというのが私の結論であり、経営習慣を改善することができれば、個々の企業の収益性を少なくとも事業の潜在的な収益性までは改善できるはずなので、このことを東洋医学的なアプローチであるとしました。

なお、この本では経営者と従業員の共存共栄を実現する立場に立って話を進めていたので、「株主価値の最大化こそが経営学の役割だ」とか「資本の論理に任せるのが最も効率が良い」と考える方にはかなりの違和感があったかもしれません。

しかし、経営学の原点とも言える『科学的管理法』の著者であるフレデリック・W・テイラーは、その本の中で次のように述べています。

マネジメントの目的はなにより、雇用主に「限りない繁栄」をもたらし、併せて、働き手に「最大限の豊かさ」を届けることであるべきだ。……（中略）……ほとんどの人は、「雇用主と働き手の利害が対立するのは避けられない」と思い込んでいる。これとは対照的に、科学的管理法は、「雇用主と働き手の利害は、最終的には一致する」という揺るぎない信念をよりどころとしている。雇用主が長く繁栄を続けるためには働き手に豊かさをもたらすことが不可欠であり、働き手が豊かであり続けるには雇用主の繁栄が前提となるのだ。

そう、最初の経営学は経営者と従業員の共存共栄を前提にしていたので、決して株主価値の最大化だけを目指していたわけではないのです。

ＭＢＡで経営学を学んでいるとき、アメリカ型の株主価値の最大化という考え方に違和感を覚えていた私ですが、テイラーの『科学的管理法』の復刻版を読んだとき、その内容にとても共感したことを覚えています。

私が社会人になってから四半世紀ばかりが過ぎました。

最初に勤めていた会社では、

「なんでこんな無駄なことをするのだろう」

「なんですごく優秀な人たちが無意味な仕事に全力で取り組むのだろう」

「こんなことに時間と労力を使っていたら会社が儲かるはずがない」

「自分はこういう年の取り方はしたくないな」

などと、大した仕事もしていなかったのに、生意気にも時折、そんな思いが湧いてくることがありました。

それから現在に至るまで、私自身いろいろな経験をしつつ、企業の中で経営管理的な立場で仕事をする機会を得て日々の業務に取組んだ結果として、もし今の私の仕事を社会人になりたての頃の私に見られたとしても、そんなにがっかりさせずにすむのではないかと現時点では思えています。

また一方で、この間にはいろいろな企業でいろいろな問題が起きてきましたが、いつも「問題の背景にはその企業の経営体質があった」というところで終わってしまう気がしていました。しかし本来は、そうした企業の経営体質がどうしてできてしまったのかについてまで原因追及がなされるべきなのではないか、という思いをずっと抱いていました。

二〇二〇年に入り、コロナ禍でステイホームが推奨され、半ば強制的に家で過ごすまとまった時間ができました。そこで、家で何もせずにじっとしているのもよくないので何かをやろうと考えたとき、社会人になりたての頃に感じた疑問やいろいろな企業で起きている問題の原因や背景が何だったのか、そしてどうすれば状況をよくできるのかについて、私自身が実際に見たり、経験したり、取り組んだりしてきたことをこの機会に自分なりに考えて整理しておこうと思ってこの本の執筆作業に取り掛かりました。

始めてみると思っていたよりも大変な作業で、気が付くと執筆を開始してから三年近く過ぎてしまいましたが、結果的に私が社会人になった頃から現在に至るまでに感じた企業経営に対する様々な疑問の原因とその改善方法について、私なりの答えにはたどり着くことができたのではないかと考えています。

そして、もしこの本の内容があなたのこれまでの考え方に変化を与えるきっかけになることができたのなら、私は多少なりとも意義のあることをやり遂げることができたのかもしれません。

二〇二三年四月

参考文献

『新訳　科学的管理法』フレデリックW・テイラー／有賀裕子訳　ダイヤモンド社
『経営者の時代　上・下』アルフレッド・D・チャンドラーJr.　東洋経済新報社
『新・経営戦略の論理』伊丹敬之　日本経済新聞社
『経営を見る眼』伊丹敬之　東洋経済新報社
『マネジメント・コントロールの理論』伊丹敬之　岩波書店
『経営が見える会計』田中靖浩　日本経済新聞社
『人材マネジメント入門』守島基博　日経文庫
『新しい人事労務管理』佐藤博樹　藤村博之　八代充史　有斐閣アルマ
『マネジメント　基本と原則』ピーター・F・ドラッカー／上田惇生訳
ダイヤモンド社

『在庫が減る！利益が上がる！会社が変わる！会社たて直しの究極改善手法ＴＯＣ』
村上悟・石田忠由　中経出版
『わかる！管理会計』林總　ダイヤモンド社
『図解　ＡＢＣ／ＡＢＭ』松川孝一　東洋経済新報社
『失敗学のすすめ』畑村洋太郎　講談社
『失敗のメカニズム　忘れ物から巨大事故まで』芳賀繁　角川ソフィア文庫
『服従の心理　アイヒマン実験』Ｓ・ミルグラム　河出書房新社
『トヨタ生産方式』大野耐一　ダイヤモンド社
『小倉昌夫　経営学』小倉昌夫　日経ＢＰ
『ザ・ゴール』エリヤフ・ゴールドラット／三本木亮訳　ダイヤモンド社
『Ｖ字回復の経営』三枝匡　日本経済新聞社
『株式会社とは何か』友岡賛　講談社現代新書
『７つの習慣　成功には原則があった！』スティーブン・Ｒ・コヴィー
ジェームス・スキナー　川西茂訳　キングベアー出版

『マキアヴェッリ語録』塩野七生　新潮文庫
『上杉鷹山の経営学』童門冬二　ＰＨＰ文庫
『坂の上の雲』司馬遼太郎　文春文庫
『新釈漢文大系　文選』明治書院

著者プロフィール

平岡 龍（ひらおか りょう）

私立大学卒業後、大手都市銀行で勤務。

銀行を退職後、数年間のブランクを経て国立大学の大学院に進学しMBA を取得。

その後、上場企業の管理部門で勤務したのち、大学院時代のクラスメートに声をかけてもらい、老舗企業の経営管理担当者としてそれまでに身につけた知識と経験を活かしながら組織の収益性向上に取り組む。

今も、先の見えない時代の中で日々試行錯誤を続けている。

既刊書『「選択する！」技術　先の見えない時代を生き抜く方法論』(2014年　文芸社刊)

東洋の経営学　企業経営における東洋医学的アプローチ

2023年６月15日　初版第１刷発行

著　者　平岡 龍
発行者　瓜谷 綱延
発行所　株式会社文芸社
〒160-0022　東京都新宿区新宿１－10－１
電話　03-5369-3060（代表）
03-5369-2299（販売）

印刷所　株式会社エーヴィスシステムズ

ISBN978-4-286-24185-2